天际之痕

谭寒生 ◎ 著

群众出版社

图书在版编目（CIP）数据

天际之痕 / 谭寒生著. -- 北京：群众出版社，2020.7

ISBN 978-7-5014-6120-2

Ⅰ.①天… Ⅱ.①谭… Ⅲ.①西藏-概况 Ⅳ.①K927.5

中国版本图书馆CIP数据核字(2020)第116118号

天际之痕

谭寒生◎ 著

出版发行：	群众出版社
地　　址：	北京市丰台区方庄芳星园三区15号楼
邮政编码：	100078
经　　销：	新华书店
印　　刷：	天津盛辉印刷有限公司
版　　次：	2020年7月第1版
印　　次：	2020年7月第1次
印　　张：	13.5
开　　本：	787毫米×1092毫米　1/16
字　　数：	204千字
书　　号：	ISBN 978-7-5014-6120-2
定　　价：	70.00元
网　　址：	www.qzcbs.com
电子邮箱：	qzcbs@sohu.com

营销中心电话：010-83903254
读者服务部电话（门市）：010-83903257
警官读者俱乐部电话（网购、邮购）：010-83903253
综合分社电话：010-83901870

本社图书出现印装质量问题，由本社负责退换

版权所有　侵权必究

每一段跋涉，终汇成通衢

ལམ་གྱང་བགྲོད་པའི་གོམ་འགྲོས་རེ་བསགས་ནས། །རྒྱུན་རིང་བསྐྱོད་པའི་ལམ་ཆེན་ཞིག་བཟོ་ཐུབ། །

一 ◎ 秋色横断

| 作别京华 …………… 2
| 高原反应 …………… 3
| 拉萨初见 …………… 5
| 工布秋绪 …………… 8
| 通麦打尖 …………… 13
| 林峰深处 …………… 16
| 波密行月 …………… 17
| 怒江群山 …………… 17
| 邦达草原 …………… 19
| 昌都掠影 …………… 20
| 远慰藏边 …………… 22
| 那曲绝域 …………… 24
| 唐蕃诗路 …………… 28

二 ◎ 边境游历

| 年麦策边 …………… 36
| 卓木拉日 …………… 37
| 亚东印象 …………… 38
| 定结行摄 …………… 42
| 珠穆朗玛 …………… 42
| 希夏邦马 …………… 46
| 吉隆通衢 …………… 48
| 樟木危镇 …………… 51
| 墨脱探秘 …………… 52

三 ◎ 象雄凭怀

陆海千里 …………… 60
帕羊苦旅 …………… 63
冈仁波齐 …………… 64
玛旁雍措 …………… 68
象雄故邦 …………… 68
狮泉河镇 …………… 71
班公措晨 …………… 74
古格遗址 …………… 76
札达土林 …………… 78
皮央东嘎 …………… 80

四 ◎ 丛林恒沙

古城旧寺 …………… 84
哲蚌曾来 …………… 87
甘丹措钦 …………… 88
帕邦喀宫 …………… 92
热振古今 …………… 94
雍仲林寺 …………… 98
夏鲁问迹 …………… 102
叶巴暮色 …………… 106
科迦吾乡 …………… 107
萨迦法会 …………… 110
桑耶梵城 …………… 116
丛林恒沙 …………… 117

五 ◎ 行穿溪树

羊湖照影 …………… 124
林周访鹤 …………… 125
德木溪川 …………… 126
拉姆拉错 …………… 130
曲桑在隅 …………… 134
林芝道左 …………… 135
行穿溪树 …………… 138
食之豪健 …………… 140
天路艰难 …………… 142
荒野思城 …………… 148

六 ◎ 西藏居停

八廓转街 …………… 154
冬隐于藏 …………… 158
庭前若桃 …………… 159
谁家猫事 …………… 162
斋名六树 …………… 164
失眠随记 …………… 165
回归色彩 …………… 168
结缘擦擦 …………… 168
文章千载 …………… 170
冬至观影 …………… 174
一物之微 …………… 175
藏地衣裳 …………… 176
零食散记 …………… 177
高原彩虹 …………… 181
洗手羹汤 …………… 182
天际之痕 …………… 185
如斯美眷 …………… 186

七 ◎ 诗词雪蕃

水龙吟·重赴阿里有感 …………………… 194
水龙吟·南山 …………………………… 194
水龙吟·校庆随忆 ………………………… 194
水龙吟·秋分 …………………………… 195
水龙吟·中秋 …………………………… 195
水龙吟·雪顿节过宗角禄康公园 ………… 195
渔歌子 …………………………………… 196
鹊桥仙·中秋后 ………………………… 196
天净沙·远赴柳梧新区观影归来有感 …… 197
西江月·小聚 …………………………… 197
相见欢·高铁过蜀东 …………………… 197
如梦令·九月二日八廓街散步 …………… 198
自拟词一首·八月二十赴飞军兄家宴有感 …… 198
浪淘沙·七夕 …………………………… 199
忆秦娥·十月十四日赏月兼携友问茶记怀 …… 199
定风波·重回拉萨有感 ………………… 200
七律·金陵客来藏同游布宫昭寺有感，兼寄晓虹 … 200
七律·清明浮思 ………………………… 200
七绝·傍晚雨霎约前次援友小聚 ………… 201
五绝·国庆末漏夜候上班有感 …………… 201
五律·拉萨河观游并和昀芝 ……………… 201
五律·雪夜忆去岁见老友 ………………… 202
七绝·于金寨途中 ………………………… 202
五言·八月十日诣体育局张兄 …………… 202
五绝·拉萨夜雨 ………………………… 203
五律·八月二十一赴区党校所见 ………… 203
五律三首·培训 ………………………… 203

诗词索引

代后记

一◎ 秋色横断

QIUSE HENGDUAN

川藏线上海拔4600多米的业拉山盘山公路，被称为七十二拐（摄于昌都八宿县）

作别京华

> 猎猎经幡，皑皑雪川。作别京华，不日来焉。
> 昔我往矣，流连三日。今我去兹，三年乃思。
> 邦兮邦兮，复为家室念兮？

2016年7月28日早上9点，首都国际机场专机楼。带着中央和派出单位的重托，怀着激动而澎湃的心情，专机迎着朝霞腾空而起，转头向西南飞去。看着舷窗外徐徐展开的北京画卷，我意识到，三年的援藏征程开始了！

尽管飞行出差是常事，之前也多次去过西藏，但这一次仍然让我感觉到心潮激荡，同时也有一丝丝不真实的恍惚感。我就要离开北京，离开熟悉的工作岗位，离开亲爱的家人和不满周岁的儿子，到雪域高原长期工作生活一段时间了。

同机赴藏的是中组部第八批援藏的200多位来自各条战线的同志。按照中组部的安排，进藏前需要在组织干部学院进行三天的集中封闭培训，了解西藏情况和援藏要求。紧凑而平静的培训班上，大家都还处在刚刚接到赴藏通知、开始工作交接的过程中，心理上还在咀嚼消化这个重大变化。此刻，大多数人都紧贴着舷窗默默地看着窗外，与北京、与过去告别。

中央国家机关选派干部援藏是1994年第三次中央西藏工作会议作出的决策，从1995年开始至今已经实施了七批，每批三年。与革命战争年代相比，援藏干部都继承了那种大刀金马、明快斩截的工作作风，早已适应了长期高频度出差外派和加班；与革命战争年代相比，援藏干部又具备较为宽广的视野，体验过西方国家和沿海地区的时代潮流和舒适环境；同时，我们似乎又多了一些牵挂，在这个全社会都追求幸福生活梦想的氛围下，从正处于上升期的事业和正在筑巢期的生活中抽出身来，毅然决然地到自然环境和物质条件最为艰苦的西藏去工作。以身许国，我则当仁。在我们中间，有已经57岁"高龄"的干部，有身患高血压、心脏病的同志，有夫人临产、儿女年幼的同志，更有超期服役、连续援藏的前辈。在后来的相处中，我深深感觉到，这些壮怀激烈、慷慨牺牲的选择，都是一些平凡的人作出的。他们平淡地讲述自己的困顿、艰难选择和负疚时，充满人性的矛盾和奉献的平静。可能是性格原因，我习惯了平和、谦逊，不爱用顶格的语言、高大上的词汇来描述自己，工作的性质也决定了我必须低调。但此次的援藏，无论是派出单位还是受援单位，各方都不吝溢美之词，我感到自己突然处在一片宏大叙事的海洋中。但无论是文艺复兴还是改革开放，一个共同的特点就是崇尚人性，尊重个体。过去那种一味高调的叙事风格，在移动互联网时代已经悄悄被解构。每位援藏干部经过艰难的抉择，在对事业和个人价值的追求和呼应中，牺牲了自身健康和家庭责任。尤其是在没有什么激励的背景下，这种追求和牺牲，确实构成了一种令人感佩的高尚情怀。或许正是因为这种毫无回报可能的行为，我们才真正完成了对忠诚和奉献的诠释。

对家庭的愧疚只是其一，对个人事业的牺牲也是很大的一方面。责任与事业难以兼得，第八批援藏干部中，专业技术干部占很大比重，在藏三年会让他们与内地的学术差距明显拉大，有的还会失去原来的专业岗位。但对另一些人来说，到西藏是一种远离和潜修，转换工作环境和角色身份，调整自己的生活状态，体验不一样的人生。

经过三个多小时的飞行，我们降落在拉萨贡嘎机场。甫下舷梯，迎候的西藏同志按照风俗为我们献上了洁白的哈达，浓郁的藏族氛围扑面而来。七月的西藏，天空分外蔚蓝高远，云朵分外洁白如絮，迎接我们的将是激情燃烧的漫长援藏岁月。

思想的洗礼，灵魂的拷问，党性的检验。人生或有意外插曲，生命不止一种精彩。

2016—2019年，西藏。计时开始。

高原反应

高原反应是雪域对人们最大的考验。很多人对神秘美丽的西藏十分向往，但往往谈高原反应而色变，而裹足不前。援藏三年，第一关就是适应高原反应。

刚到拉萨时，我们集中住在西藏大厦，待援藏干部欢迎欢送大会后，再陆续由受援单位接到各自宿舍。尽管之前到过西藏，而且时值西藏气候最好的七月，但感觉反应还是很大，走路起居浑浑噩噩。援友们大部分都在房间里休息，用餐时一路上都能碰见扶着墙慢慢前行的人，相视一笑，相互理解。第一天就有援友反应强烈，恶心呕吐，吸上了氧气，还有送医院护理的。大家按照行前培训的建议，深呼吸、慢动作，努力适应着高原的第一个下马威。同时也都互相鼓气，共同渡过这个难关。

也无怪大家这么紧张。高原反应本身就是一种高原病，是人到海拔3000米以上出现的症状，严重的会引发肺水肿、脑水肿，危及生命。就在我们入藏前夕的2016年7月，一位连续两届援藏干部的儿子，二十岁出头，阳光健壮，刚刚毕业正打算传承父志扎根西藏工作，就因为高原反应未及时治疗，进拉萨不到一周就猝然去世。白发人送黑发人，令人扼腕叹息！

高原反应程度因人而异，个体差异很大，身体强壮、经常锻炼的人未必反应就小。每个人的症状也各有不同，通常都有头晕头疼、憋气胸闷、睡不着觉等感觉。在我们随后的三年时光里，援友们都一直被高原反应所困扰，有的长期失眠夜夜依赖安眠药，有的刚过而立就满头白发，有的心脏肥大、尖瓣反流……更有十余名战友长眠在雪域，用生命践行着奉献誓言。

后面的三年，很多内地朋友纷纷打电话或微信关心，问得最多的也是能不能适应。有的人说："你去了这么久，肯定适应了。"有的人说："我身体不行，去不了西藏。"我总是笑笑。我们都仿佛统一了口径似的回答："没问题，能适应！"其实只要去西藏，身体就会有反应，健康就会受损害，只是看敢不敢去，愿不愿承受而已。但已经来到西藏，未来还要待三年，不适应能怎么办？还能当逃兵吗？不战斗到最后一刻，谁也不愿离开战场。天大的困难也得咬紧牙关克服，20世纪50年代解放西藏那会儿条件比现在还艰苦，不也那么过来了？那么多内地进藏干部在藏工作几十年，不也那么过来了？这么一想，心态也就平和了。后来我们慢慢知道，这就是"老西藏精神"，也就是五个特别能：特别能吃苦、特别能战斗、特别能忍耐、特别能奉献、特别能团结。这五句话25个字，充满了艰辛与豪迈、困苦与激情，细细品来，自有一股坚忍不拔的革命乐观主义精神和气概存在。

当然，感冒发烧还是不能贸然进藏的，否则容易引发肺水肿、脑水肿，援藏还得讲科学不是？

高原反应是我们进藏的第一课，也是奉献高原的第一关。

拉萨初见

拉萨沿河而建，地势狭长，城区人口20万左右，是世界上海拔最高的城市之一。它传承了曲贡文化的遗脉，至今还保存着吐蕃王朝的众多古迹；它地形平旷，四周群山环抱，拉萨河静静穿城而过向西流去；它终年阳光普照，蓝天白云，雪山和布达拉宫遥相呼应；它的建筑特色鲜明，红白蓝黄黑五色装点着寺庙、佛塔和屋顶、外墙、经幡；它的人民悠然自得，性格宁静开朗；它是122万平方公里上最繁华、人口最稠密、建筑最壮观、寺院最密集、游客最多的地方。

从刚下飞机开始，我们便频频举起手机和相机，拍天空、拍云朵、拍街道、拍人群、拍朝霞、拍夕阳、拍彩虹、拍流霜、拍雪山……拉萨的独特魅力，深深地吸引着我们。三年的时间，即使我们都习惯了那碧空如洗，习惯了从布达拉宫前来来往往，仍然忍不住时不时掏出手机，留下处处美景。

对我来说，这是第三次来拉萨了。与2005年、2008年两次匆匆一访的印象相比，拉萨已经焕然一新，有了很大变化。十多年前，拉萨只有北京路、林廓路和金珠路三条东西向的主干道，路上车也不多，尘土飞扬。没有高楼大厦，城区全是两三层的小房子和平房。因为是冬天来的，街上人很少，到处都显得荒凉。2008年来藏时，"3·14"事件刚刚过去1个月，拉萨仍是满目疮痍。开车从北京路走过，每一个巷子和路口都有持枪的战士警戒。被烧得焦黑的店面还没来得及拆除，废墟里似乎还冒着袅袅轻烟，像是在无声地泣诉。小学门口站着三圈人：最里圈是老师牵着孩子，中间一圈是战士拿着枪防护，只留了一个口子让孩子进出，外面一圈才是接孩子的家长。整个城市笼罩在事件的悲愤余波中。

十月的拉萨河，河面宽缓，沙渚遍布，烟树点染（摄于山南市贡嘎县）

这次进藏，发现拉萨新建了很多高楼，街道变整洁了，路边增添了很多现代气息的商场店铺，和内地城市没什么差别。只有远远的布达拉宫和老城区普遍限高的两三层藏式楼房，才提醒我这里是拉萨。西藏的社会公共安全也像拉萨面貌一样，早已发生了巨大变化。近十年来，西藏的刑事案件数量持续降低，拉萨已经成为国内最安全的城市。然而对流动性、网络化、高科技犯罪，特别是那些高原地理阻绝不了的非接触性犯罪如电信诈骗，西藏还缺少强有力的应对和防控能力。面对信息化、智能化和社会治理能力现代化的发展潮流，西藏持续、长期全面稳定任重道远。以先进技术和理念帮助西藏，这正是我们的用武之地。同批进藏的各个领域条线的援藏干部，都正在以各自专业的目光注视着西藏，酝酿着三年的奋斗与期望。

和以往以面带点的出差工作方式不同，这是一场持久战，一次长久的停留。拉萨，将是我的第二故乡。

工布秋绪

援藏第一个秋天去林芝、昌都督导调研。林芝是西藏最秀丽的地方，秋色增添了旅途的绚烂，雪山、江峡、森林、草原的组合令人惊艳。我们一路大声唱着藏歌，欢快的笑声洋溢在整个车厢。《情满酒歌》《梦中的绿洲》《桑吉卓玛》《白塔》《康巴汉子》《母亲》《心中的昌都》……在西藏最常听的歌都在这次旅途中学会，从此深深地烙进脑海。

自从2018年拉林高速正式通车后，从拉萨到林芝已经相当便利。出墨竹工卡县没多久，沿着缓缓上升的山峦前行半个小时便到达米拉山隧道。从前，拉萨和林芝之间横亘着5000多米海拔的米拉山，每次开车翻越山口都要多花一个多小时时间。本教相信山有神灵，藏族流传下来拜山的风俗，到了最高处的山口要停下来朝拜敬献哈达，很多游客也喜欢在山口的石碑合影留念，所以米拉山口很容易堵成长队。堵车时什么事情都可能发生，人的基本需求在这里也可能演变成趣事。2016年，我和几位广东的同事路过这里，还曾经写过一首乐府：

行路难·戏赠胡郭二大人

2016 年 8 月 1 日

一上五千米,有路堵难移。
冷雨迷前程,热茶幸周密。
肾水不可遏,负手车左立。
风吹衣袂起,心旷欲飞去。
有女亦下车,婀娜多秀丽。
摇曳作细步,趋前无止意。
女行一何近,尿下一何急!
或因气压低,滔滔无穷期。
料得鸣金刻,便是邂逅时。
所幸车徐行,恰可回身及。
丈夫折腰入,犹记面掩衣。
可怜罗敷女,长得使君忆。

穿过米拉山口后高速公路在山谷间穿行缓降,与尼洋河不时穿插交缠,仿佛两根曼舞的绸带厮守在大地。坐在车上看两旁的山脊渐渐柔和,草地渐萌绿意。尼洋河又称"娘曲",藏语意为"神女的眼泪"。中游处峡深水急,激流冲荡如飞花碎玉,有一块巨石横亘河中,被誉为"中流砥柱",据说是工布地区的守护神工尊德姆修炼时的座椅。

七律·尼洋河随行有感

2016 年 8 月 2 日

昔有巨石称神迹,虎踞激荡河中流。
五色经幡祈永好,三生盟誓愿白头。
岂料高速出卫康,摧碎巨石铺柏油。
方知刹那修千年,不悔当时执素手。

前些年,因为有大巴车停留观赏"中流砥柱"时出了车祸,所以这里不再

林芝的秋天正是最好时节,尼洋河畔森林茂密,河水依着城区缓缓流淌(摄于林芝市巴宜区)

允许车辆停留。后来的高速公路选线在这里与318国道分开，巨石也便再难见到。

西江月·复咏中流砥柱石
2018年7月28日

娘曲时逐左右，天路轻取关山。别来寒翠满河川，更著花田烂漫。
冷落绿遮前路，依稀雾断江岩。虹朝雨暮敞经幡，空寄虔心一片。

过了巴松措高速公路转而凌驾于尼洋河上，仿若一道虹桥，穿行于河中沙渚繁树之间，两岸风光尽收眼底。若是有一架无人机顺流而下，必可尽览河路缱绻、夹岸芳菲的胜景了。

岁月人间促，烟霞此地多[1]。青蓝色的尼洋河流淌在山谷之间，再向南几十公里就将与雅鲁藏布江汇合，然后向东接入帕隆藏布，迅即180度大拐弯，闯过群山，穿过墨脱，一往无前奔向孟加拉湾。也因此，印度洋的暖湿气流可以溯流而上抵达林芝，让这里遍布原始森林，气候温润，终年云雾萦绕。墨脱是西藏海拔最低的县，藏南地区海拔只有几百米，可以出产水稻。从林芝八一区到墨脱县，就是一段从高原高寒气候速降到温带、亚热带直至热带暖湿气候的非凡体验旅途。

林芝市区顺着河岸向东西方向扩展。这里的气候迥异于西藏的其他地方，山里有虫草、松茸、灵芝、雪莲、天麻等，还有虎、豹、熊、獐子、猴、鹿等野生动物，牧场丰茂、森林广袤、物产丰饶，所以林芝的人类居住历史可以上溯到史前时期。早在吐蕃时期之前的"娘""贡"等部落就生活在尼洋河流域。长期的资源富足也使得这里的人们天性更加散漫务实，日出而作、日落而息，看重世俗的致富享乐而不是清苦的修行生活，林芝的麻将直到近几年才有所收敛。这里有宁玛派的比日神山，有著名的喇嘛林寺，但规模不大。宁玛派并不追求重楼叠宇的寺庙，往往是秘密单传，娶妻生子会不会也是受到贡布风气的影响？

六点结束工作时，天色尚早。沿着尼洋河在市区的支流河畔散步，可以走到工布老街。河水潺潺，夹岸有一些工布藏族的习俗雕塑，河道两边是鳞次栉

1（唐）朱放，《题竹林寺》。

比的食肆坊街。这里是林芝夜生活的中心。工布藏族的服饰自有独特之处，男女皆穿一种叫"谷休"的藏袍，即宽无袖袍。男子的"谷休"从腰部束扎，下摆不过膝，女装"谷休"却下垂至脚面。在傍晚老街的小广场上，往往能看到穿着谷休的藏族老百姓围成一圈儿跳锅庄。

水龙吟·林芝三日有感

2016年10月18日

雅江且请留步，秋绪悠长在工布。环山皱绿，抱城溪白，倚楼月顾。暮去人稀，朝来云重，夜雨羁途。任秋添岁月，雨洗离肠，锅庄起、广场舞。

世事十九难符，转徊间、如山起雾。问何所思？香干半碟，绍酒一壶。夏有虫草，秋有松茸，买醉资足。怕得闲，日日顶笠披蓑，觅水停处。

在林芝的三日停留里，没来由地想念一位江苏朋友。做外事工作，成天满世界跑，前一日微信里还在发所罗门群岛华盖如亭的参天巨树，后一天又回到人民大会堂作会谈，忙的都是高大上。一天晚上加班后，顺着通惠河南路飞奔回家，念念不忘的，是爹妈刚醉好的小虾，再温一壶黄酒。

通麦打尖

从林芝向东，翻过色季拉山会路过鲁朗。这是广东援藏工作队重点打造的旅游小镇项目，虽然海拔超过 3000 米，但气候湿润，雪山以下是森林和无尽的草原，两三个小湖如明镜倒映着白云，三三两两的民居散落在草原深处，牛羊悠闲地徜徉，风光很像欧洲小镇。路过这里的人就像听到海妖塞壬歌声的水手，无不沉迷留恋。

忍心告别鲁朗迤逦向前。易贡藏布一路相随，穿过峡谷，流经村庄，追逐森林，漫注湖泊，突然间拐了个弯。我们在山腰上停下车。路基外便是坡崖，二十多米下方的江水不再是碧绿轻柔，显得汹涌而浑黄。这里便是大拐弯处？急忙翻出地图。

——才刚刚认识它的支流，这里不过是一个小小曲折而已。

但已动人心魄。开车的达桑指给我们看原来的国道，沿着山腰蜿蜒转折，划出了一个大大的"S"形。"烟雨僰道深""途轻五尺险[2]"应该就是描述这样的险途吧！这里是川藏线最危险的路段，出过很多次车祸，失事车辆翻进江里，再也找不到任何踪迹。2013年老通麦大桥垮塌，徒步进藏的一男一女失踪，至今杳无音讯。

新的大桥是一座双跨双塔悬索桥，线条简洁气派。二分钟，我们走完了从前半天的路程。

还有迫龙沟大桥。这两座新建的悬索桥和连接的隧道裁弯取直，节省了通行时间，更显著减少了交通事故发生的风险。不到这里，就难以体会重重关隔豁然通的巨大喜悦，就难以想象交通基建对西藏人民的巨大意义。

中午，我们在山谷中的一家路边小店用餐。这里前不着村后不着店，只有斜对面的一家疗养所孤零零地陪伴着它。小店收拾得很利落，地方也大，坐在后院阳台上，能看见菜畦和不远处的小溪。没有菜单，客人自己到厨房看着菜架现场选择搭配，像在家一样自由自在，让我由衷地感叹川菜兼容一切想象的强大烹饪能力。

在险急的山道长久跋涉，不啻于一场惊心动魄的剧烈战斗。然而坐在山谷中的小店，安静得不知时间流逝的感觉，让之前的经历犹如梦幻无痕。人生如逆旅，快活的时候其实并不多。想起在云南勐腊原始森林脚下吃土锅炖鸡，在吉林白山林区道旁烙饼子，在边城茶峒镇边河船上喝醒酒鱼汤……印象深刻的

---

2 （唐）权德舆，《送袁中丞持节册南诏五韵》。

七月的鲁朗小镇被誉为西藏的瑞士（摄于林芝市巴宜区鲁朗镇）

地方往往都和吃紧密联系。用亲切可口的饭菜和闲静的露台安抚身心疲惫的过客，这里是最适合旅人打尖的地方。

林峰深处

从林芝到波密，一路在森林里穿行。秋天还没完全降临，挺拔高冷的杉树林直冲云霄，大片的杜鹃漫山遍野。一直在修路，越野车颠簸得如同风暴里的一叶小舟。但路旁的小河不离不弃，对岸的山峦起伏相伴，不远处的卡钦冰川触手可及，森林仿佛油画色彩斑斓，又让你期待着这样的行程长一点儿，再长一点儿。

越野车沿着静谧森林里的公路爬升，拐进了318国道的一个小岔路。开始是碎石路，后来变成土路，坑坑洼洼。十几分钟后，越野车停在一个三围合的院子门口，有稀疏的木屋在远处。这是一处小村落，属于波密县，但离最近的乡镇都比较远。三间平房较为宽敞，但屋顶略微破败，墙壁不太整齐干净，一看就上了年头。院门口挂的三四幅木牌很新，显示这里是村委会所在地。一位穿着深色棉衣的小伙子迎上来，把我们让到南屋里。

进门一片漆黑，好一阵子眼睛才适应。屋子被隔成两间，外面是办公室，里面的宿舍就显得仄陋。单人床靠墙堆着被子，办公桌上放满了笔记本电脑、打印机、电话和杂乱的纸张，最上面是几期简报。床前火盆里几块木柴半明半暗地烧着，一根白铁烟囱从半空中曲曲折折沿着墙角探出屋子。独坐清谈久亦劳，碧松燃火暖衾袍[3]。这样的地方，挺适宜清修。

小伙子是驻村队的，我们并不认识，受人之托给他捎点东西。跟其他驻村队比起来，这里条件算是不错了，海拔才3000米出头，在森林里不缺氧，离国道也近。全西藏有几百支驻村队，每年有上千人一直驻守在村里扶贫维稳，大部分比这里更艰苦。

简单寒暄几句，坐了坐，我们便告辞上路，顺便卸了箱饮料送给他。车开出去好远，他还在门口站着目送我们，身后是遮天蔽日的苍翠森林。萍水一面，

3（北宋）俞紫芝，《宿蒋山栖霞寺》。

再会无期。他是谁的丈夫？又是谁的孩子？谁在牵挂他？他又在牵挂谁？我们不得而知。就像路旁的一株杜鹃，我们看见了它的繁花，却永远不会知道它的故事。

波密行月

因为修路的原因，从林芝开到波密已将近傍晚。再向前赶往八宿有些吃紧，于是预订了海螺酒店，今晚就住在波密。

县城沿帕隆藏布江而建，被江水分为南北两绺。吃过晚饭沿着江岸散步，听见水声隆隆，激起的水沫飞溅，濡湿了我们的前襟。

月亮从对面的山峦上慢慢升起，硕大金黄，静悄悄地洒下一片清辉，让这个山间水畔的小城分外朦胧宁静。坐在酒店露台上，听着水声，看着月色，没来由想起一句诗：猛虎一声山月高。

一夜无梦。

五绝一首·波密随记
2016年10月21日

晚雪江城小，新晴翠嶂云。
百折山望远，三色措观心。

怒江群山

波密的早晨是慵懒的。白色的浓雾慢慢地从山后涌起，升上山巅，又缓缓地落下，遮住了峰顶，萦绕在山腰，和这碧绿的江水一起，让整个小城深呼吸，然后继续酣睡。

我们离开得很早，因为要赶一天的路。波密，藏语的意思是"祖先"，古时是曲宗、易贡、倾多三宗之地。对旅人来说，波密太小，容纳不下太久的停留，他们或徒步墨脱体验莲花秘境，或往林芝感受雪域江南的风情，或去昌都追寻茶马古道的远驿，最终都将再次出发。

这种告别是惆怅的，又是兴奋的，就像年轻人离开家乡远行。我们要从波密纵贯邦达县赶到昌都，全程近500公里，从海拔2800米爬升至5000多米，再下至3800多米，路还很长。

穿过森林，正午时分到达然乌湖。这是川藏公路上著名的堰塞湖，狭长而澄蓝。就着湖光山色、雪峰碧林，我们啃着熟羊肉肋条和冷馒头，草草饱腹。在若尼峰（横断山脉与喜马拉雅山脉的交会处，岗日嘎布山的最高峰）的注视下，风驰电掣地奔向邦达草原。

山，渐渐褪去绿意，苍黄肃杀。大群的牛羊徜徉，如同静止的流云。峦线起初如清波般柔和，慢慢地，波峰越来越高，越来越密集，公路从纵意恣行渐渐被挤压到山间峡谷，甚至从山脚生生凿出槽道钻过。仿佛在野生动物园，从开始我看群山，变成了群山看我。车里的音乐依然欢乐激昂，但气氛早已从放松热烈转为压抑低沉。这种感觉在跨越怒江时达到顶峰。

山，被怒江生生劈为两仞，峡谷陡崖直下深不见底，江涛奔泻若狂，却有一块巨大的磐石卡在两山之间的半空中，上不到顶，下不到底。一座铁桥通往磐石，从磐石腹中隧道穿过，再由另一侧铁桥抵达对岸。这里的地势是如此险要，以至于需要持枪的武警在这里24小时警戒护卫。

山，如同打翻秋冬色的调色板，只有黄、灰、苍色。上得一山，又是一山。不知道转折上行几许，终于抵达亚拉山口，挂满经幡，睨视群峰，海拔4658米。由此而下，便是令人闻名色变的九十九道拐。山口的观景台冰风猎猎，几不能立。凭眺万山奔腾，沟壑连绵，之字形的盘山公路往复细密，谷底房屋微如粟米，浩然之气塞满胸膛。如此江山，如此雄奇！

水龙吟·赴昌都途中所见

2016年10月18日

川藏自来天险，波密东行逾横断。碧水滩深，霜林路促，冰峰云前。八宿山雄，然乌湖阔，历历苔原。万里辽无际，高桥巨隧，怒江跨、通麦贯。

亘古常立如斯，今我来、会此崇山。心安寂处，绝崖挂壁，亦作家园。岂甘人下，七十二拐，壮英雄胆。到山口回望，雪烈风疾，天低日远。

邦达草原

人不能两次踏进同一条河流,却可以同时体验不一样的邦达草原。

七十二拐下完,心刚放下来,邦达草原便开始下雪。鹅毛般的大雪来得迅猛,很快就把公路完全覆盖。前一秒还是草横千里,后一秒就变成四宇茫茫,分不清哪里是路,哪里是荒原。刚刚下午五点,天就全黑了。

车载音响的强劲反衬出我们的虚弱,在这苍穹环罩的铅幕下,我们的越野车如同大海怒涛中的小小礁石,随时可能遭遇没顶之灾。开车的达桑经验丰富,仍在不疾不徐地找路前行。我凝神看着前方,竭力想做点什么。

草原上的牧羊人

但什么也看不见,除了车灯光柱里的雪花。朦胧间看见两边有一些黑点,不由诧异:来的时候没见路边有草垛子啊?后座的次仁笑了:那是牦牛!

原来牧民放牧牦牛并不修建牛棚,牦牛遇到风雪无处可躲,也从来不躲,只是站在原地,安静地等待风雪过去。雪太大,盖住了头和身体上方,从侧面看过去,就像一个黑色的斑点。

想起来时看见的牦牛群,散布在所有的山梁,不管多陡峭的山脊,都能爬上去,和我印象中的笨拙形象大相径庭。据说牧民对牦牛从都是来放任自流,很少宰杀,只是每隔一周骑摩托车过来数一数牦牛还在不在。牦牛成天和黄羊、马鹿厮混在一起,优哉游哉。藏民也由得它们自生自灭,颐享天年。怪不得说拉萨的牦牛肉很多都是假的,或者是四川青海运过来的,本地的特别少。这样的习俗,应该归于善良、懒散、乐天,还是信仰?就像海子的诗所说:没有任何夜晚能使我沉睡,没有任何黎明能使我醒来。这里是西藏,自有丘壑的文化认知。

走了很久,达桑忽然一指车右侧:"那是邦达机场!"我使劲睁大眼,也没看见个轮廓。漫天风雪里,机场也是与世隔绝的孤独驿站。想起在机场援藏的战友,心里油然而生敬佩之情。

幸好我们一路下行。到怒江畔时,雪已经不下了,可以模糊地看到路旁边就是悬崖,下面就是江水。心情很笃定,并不惊惧。

几年个事挂胸怀,问尽诸方眼不开。
肝胆此时俱破裂,一声江上待郎来[4]。

这一夜的奔行,经历了一辈子的惊险,体验了暴雪、天堑、急弯、险路、悬崖、绝壁,每一处都可以神魂俱灭。只余下清亮的歌声,一路奔向那三江汇合之地。

昌都。

昌都掠影

秋日的昌都气候宜人。澜沧江的上游——扎曲和昂曲在这里相汇成为澜沧江,带来充足的湿意。整个市区被三江分为几部分,夹在河谷两岸。人说依山

4(宋)安分庵主,《开悟诗》。

沿江的昌都是小重庆,确有几分神似。加之多年来重庆一直对口支援昌都,城市规划、重点建筑、特色街道估计都有重庆参与,沾染几分重庆味道也很自然。

我们住在市中心广场边,酒店侧面是市委大院,斜对面是公安局。用地面积并不充足的城市,时间的尺度是以步行计算的。傍晚散步,沿着新近刚修的河畔步道往下游走,两岸的景观灯宛如游龙矫凤。强巴林寺就在河对面桥头,崭新鲜亮,丝毫看不出千年大寺的沧桑。帕巴拉活佛在这里接过了喜饶桑布的法位,转世传承近600年而不衰。

昌都锁入藏之咽喉。这里和山南、阿里一样,有最早的人类活动分布,市区有新石器时代晚期遗址,被称为卡若文化。西羌曾自昌都游牧雪域,一说藏人都是羌族的后代。唐旄、鲜卑,在久远的过去也曾驰骋过邦达草原。隋唐开茶马互市,昌都从此成为贸易的要津。元朝驿路、清代大军,这里同样是兵家必争之地。1950年,张国华将军率十八军从雅安逢山开路、遇水搭桥,到昌都与噶厦政府的昌都大总管阿沛·阿旺晋美迎头相逢,打响了解放西藏的第一枪。这一战胜得干净利落,为西藏和平解放奠定了根基,也改变了阿沛的人生走向。从此他与西藏命运紧紧相连,后来代表西藏地方政府率团进京和平谈判,日后成为国家领导人。

昌都与卫、藏、青等其他藏区无论语言、信仰还是种群都差别明显。昌都藏语属于藏语系康巴方言,与安多、卫藏方言差异之大,有时甚至难以互通。这里远离卫藏等传统意义上的藏区政治文化中心,被排挤的宁玛派、噶举派、本教等教派寺庙在这里扎根散叶,影响甚众。这里的老百姓就是传说中的康巴人,性格剽悍,重信守义,快意恩仇。康巴汉子从外貌上很容易分辨,他们气宇轩昂,神情倨傲,眼神如出鞘的利刃,头发像雄狮的鬃毛,据说希特勒也曾艳羡康巴人的血统,派人前来求取基因。男性的骄矜其实很有可爱之处,但在祥和的西藏,昌都是少有的刑事案件多发地区。2016年秋天我去昌都时,正逢一位刑警在抓捕歹徒过程中遭枪袭殉职,让我们看到勇烈走向偏执的弊病。

我们每天都散步到深夜。从强巴林寺往东是新建的茶马广场,难得的宽阔,周围高楼林立,霓虹灯映照得天都亮堂起来。继续向东直到另一条河边,再折而沿河向南,兜一个大圈儿沿着天津广场北沿儿,过桥走到回宾馆的路。沿主干路的门面都很现代，干净齐整。这得益于时任昌都地委书记的罗布顿珠，他对建设经营城市很有思路和魄力。而背街很多小店，和重庆市区相似，参差不齐很有市井气。援建昌都的天津和重庆都是我曾经长久生活过的地方，城市气质都是那种注重生活，居家过日子的感觉。这里的老百姓有很多川渝人，给昌都注入了家乡的特色。

重庆援藏的同志陪我们用完餐后，送我们到酒店外广场。彼时刚过八点，广场锅庄已经聚集起一大圈人。他热情地建议我们加入，旋即迈入圈子自然流畅地跳起锅庄来，像一滴水融入大海一样消失不见了。体验别处的生活，还有比这样更愉悦的吗？

远慰藏边

昌都工作结束后，我们工作组一行五人专程赴江达县波罗乡，看望扶贫联系点的帮扶对象，慰问驻村队同志们，了解扶贫工作情况。路途崎岖艰险，三百多公里整整开了一天的车。从朝阳初升到夕阳西下，我们终于满面尘灰地站在他们寄住的寺管会院里。

西藏是国家确定的"三区三州"（三区：西藏自治区和青海、四川、甘肃、云南四省藏区及南疆的和田地区、阿克苏地区、喀什地区、克孜勒苏柯尔克孜自治州四地区。三州：四川凉山州、云南怒江州、甘肃临夏州）深度贫困地区，GDP刚过千亿元，财政全靠中央转移支付，扶贫任务十分艰巨。自治区对重点的县乡实行对口包片扶贫，我们包片江达县，部门则对口波罗乡下面的波公村。这个村海拔3800多米，以前不通公路，我们对口扶贫后努力了好几年，把路和电给通上，村里的松茸、虫草和蘑菇可以及时运出售卖了。前几年又帮助村民栽种了核桃林，修建了垃圾处理站，建起了移动信号塔，村民的生活有了质的飞跃。

晚上，乡党委政府、寺管会、派出所、驻村工作组的同志们都来了。近几年西藏为提高学生就业率，大量招录公务员，基层干部年轻人多、女同志多，有好几位年轻干部都是拉萨人，刚刚分到乡里没两年，听说拉萨来人了，分外激动。还真有干部家里打听到我们要来，千里迢迢托我们捎了东西。新鲜血液充实基层、充实艰苦地区，是国家战略的主旋律，他们正站在新时代的舞台上。这同时也是严峻的考验，他们未来的职业发展、成家立业都将面临扎根基层和调动回城的两难抉择。

看到驻村点简陋的工作居住环境，和同志们见到亲人后激动的面庞，不由得心绪激荡。为了帮助村民脱贫致富，我们每年选派一位处级干部挂职波公村第一书记，带领3名同志长驻村里专职扶贫。但扶贫不仅是驻村队的事。除了自治区和厅里拨给工作队的经费，单位每半年组织大家结对帮扶捐款一次，由驻村队统筹用于扶贫工作。部门的每位同志都各显神通，发动所有资源支持扶贫。饶是如此，整整一年待在偏远的小山村，见不上家人孩子，照顾不了家庭，只剩下最基本的生活用品保障，衣食住行一下退回到几十年前，对任何人来说，都是巨大的牺牲和奉献。和我同批援藏的国辉来自广东汕头，擅长烹饪、书法等各种生活技能。在最艰苦的冬季他带队到江达县驻村，除夕那天上午我在北京街头打电话给他，他说太阳还在山后照不到住地，天冷得被窝都是冰的。他在老百姓家里座谈的照片，戴着狗头帽穿着警用大衣，灰头土脸分辨不出谁是谁，除了一条Burberry围巾标榜着内心的妖娆。

尽管餐具五花八门，餐桌拥挤仄窄，但喝着驻村队自酿的红酒，吃着金沙江的鱼和我们从县里带去的菜，大家都很开心。乡长说，这是乡里有史以来第一次接待国家部委的同志。禁不住高调地代表全国300万战友表达了敬意和慰问。饭后年轻人们意犹未尽，又在空地上跳起了锅庄。外面的世界网上能看见、伸手却够不着，乡村的生活常年枯燥单调，难得有个远客来访，年轻人的心情不难体会。在绝壁深崖边的小小空地，一群人载歌载舞，浑不以闭塞困绝为意。在这片土地上，活一天就要快乐一天。

但他们的担子还很重，路还很长。俗话说："救急不救穷"，急窘好帮，解贫不易。既要解决生活赤贫的现实状况，又要创造致富奔小康的可行路径，还要激励自强不息的致富意志，这是一项史无前例的伟大工程。西藏有些老百姓没有强烈的物质欲望，对生活要求很低，吃着上顿不愁下顿，改变他们的思想意识比改善他们的生存条件更难。无论是基层干部还是驻村工作队，他们的青春活力和奋斗苦干，是决定西藏夺取全面小康的关键力量。

当晚我们住在乡里最好也是唯一的招待所——邮政所两间房子中的里间。屋里堆满杂物，床只有三张，另外两个人要到老乡家借宿。没有厕所，没有水龙头，关不上门。囫囵一觉，却颇香甜。半夜被进来取东西的人惊醒，出门看见夜幕深沉，繁星垂地，银河横贯，很多年不见这么璀璨的星空。仰头看到脚趾发冷才回屋。这里是横断山脉，金沙江畔，西藏的边缘，昌都的尽头，对面就是四川白玉县。

清晨即作别返程。兴起千里，一夕尽欢，因记之。

后记：
　　2018年10月11日和11月3日，波罗乡境内的金沙江两岸山体两次滑坡，形成堰塞湖引发洪水。我曾经去过的乡场，连同新建好的乡政府大楼全部被淹。老百姓被异地安置在康扎西安置点。
　　2019年2月，江达县退出贫困县。
　　2019年12月23日，西藏宣布基本消除绝对贫困，全域实现整体脱贫。

那曲绝域

第一次来到那曲。这是高原中的高原，雪域上的雪域，是树木都无法生存的生命绝域。

开车从拉萨出发，大约需要五个小时。过了当雄县后，一路都是起伏连绵的草原，这就是当雄草原。黑色的牦牛和洁白的绵羊成群结队，远方的冰川雄峻巍峨，仿佛触手可及。公路在天空和草原之间蜿蜒向远，白云朵朵就飘浮在草原之上，远山之麓。阳光通透澄澈，世界在这里只留下最初的三种颜色：蓝、白、绿。

尽管地理条件恶劣，但那曲在新石器时期就诞生了藏北游牧群落，这里是藏族的发源地之一。那曲镇在草原的尽头，绵延的矮丘之间。城市不大，道路是柏油路和土路夹杂，车辆过处尘灰泛起。房屋普遍不高，细节都不太讲究，街面大致齐整，但如果留意，随处可发现垃圾和废弃物，室内也不例外。环境之恶劣，容不得讲究的余裕。

工作之余，抽空去看望在这里援藏的浙江司法厅的一位同志。站在司法所凹凸不平且光秃秃的土坝上，看着面前简陋的小楼，会感觉是在20世纪80年代的内地小城镇。他肩背着一个便携式制氧机，插着鼻吸管，吸着氧气走向我，带我到他的办公室小坐。房间不大，办公桌上一层灰。没有树木的荫蔽，这个城市像《荆棘鸟》中的澳大利亚中部小城一样，有着永远擦拭不完的灰尘。我们聊着彼此的境况，虽然以前并不很熟，但共同的援藏身份让我们略无隔阂。援藏三年，我亲眼看着他经历了车祸、胆囊切除、家中老人住院等一系列考验，由刚入藏时的面如冠玉变成了霜鬓尘染。

后来我又去了他的住处，浙江省为他们的援藏干部集中修建了公寓，搭建了一个阳光茶室，灌木得以在这里正常生长。正是晚饭前的休闲时间，四个男人窝在长条茶桌前，各自玩着手机。我与他们一一握手道别。夕阳正炽，从门口回望茶室，他们的身影在宽阔的茶室里显得稀疏削瘦，面目藏在了阴影里。与浙江援藏公寓相对而立的是辽宁公寓，一座郁黄色的二层小院，似乎更显陈旧，想来条件也很艰苦。

在那曲的三个晚上我都没睡着。吸着氧，胸口仍憋得发疼，鼻子和咽喉干如炙烤。涸辙之鲋是什么滋味？困兽之斗是什么感觉？进退维艰是什么状态？……午夜的那曲就是答案。

临行前夜我们到街边吃火锅。服务员有藏族的也有汉族的。汉族服务员是如同内地一样的麻利，略显沉默。藏族服务员则稍木讷面带笑容。我们聊了很多关于喝酒的故事，大家笑得前仰后合。故事里他们天天纵情喝酒，天天凌晨回家，总是不小心被老婆揭穿加班的谎言。

夜里站在酒店房间窗前，可以看见城市的灯火。虽不璀璨，却也略具规模。这里的人们有自己的苦难和快乐，他们不依赖我们的感受而活着。高海拔折磨他们的身体，也让他们更加努力地生存，纵情欢乐，不管不顾。生命在哪里都只有一次，或短或长。与人比较我们总是心有不甘，但生活就得要努力挣扎，大声歌唱，并对那些牵扯我们脚步的人或事说："去你丫的！"

阿里札达土林,近处是石头垒成的玛尼堆

水龙吟·进藏一年赴那曲出差有感

2017年8月3日

故园别后期年，梦中驰策皆塞上。天低树仄，云垂星近，推窗见赏。夜雨添幽，朝岚经寺，寻常街巷。看虹出河曲，霞披绛庙，流觞饮、成痴枉。

雪仞凌虚风荡。向云旁扶摇可望。起伏草碧，参差牛羊，偶然来往。气短空心，山高开靥，无求无怅。请身名少弃，由缰信马，会金刚幢。

唐蕃诗路

到西藏一段时间里，我喜欢翻读边塞诗。中国历来边患频仍，边塞诗词源远流长。上溯到"岂曰无衣？与子同袍"，诗经里就有边塞的影子。唐代边塞诗人最多，《全唐诗》收录了王昌龄、高适、岑参等人的边塞诗2000多首，"西出阳关无故人""不破楼兰终不还"等名句流传千年，脍炙人口。吐蕃正好崛起于那个时代，与唐朝在青海、新疆、中亚几度碰撞，塞外西域、河湟故地也便成为边塞诗里经久不衰的主题。读那些边塞诗词，好像与古人同行，情与景，略相似。从西宁到拉萨的旅途，唐代边塞诗是抚古思今、寻途揽胜的最佳读物。

想象周末傍晚乘坐火车从北京出发，夜里路过太原。现代繁华随夜色消隐，呼吸里都是霓裳羽衣的余韵，思绪瞬间回到盛世大唐。唐高祖李渊便是从太原起兵，创下唐朝基业。怛罗斯之战前的大唐帝国西起咸海、阿姆河与锡尔河流域，东达朝鲜半岛，疆域辽阔无际。

火车趁夜疾驰不息，前方一站是西宁。由此穿河湟而经青海湖，由格尔木再入可可西里，这些今天分属青海、甘肃及藏北的地方，历史上是吐谷浑的疆域。吐谷浑公元313年建立政权，公元635年成为大唐属国，其王室是内蒙鲜卑慕容部的一支。金庸小说《天龙八部》里"北乔峰、南慕容"中的慕容博、慕容复父子，就自称鲜卑慕容血统。今天青海的土族，据说是吐谷浑的孑遗。上下五千年，象雄、苏毗、吐谷浑、吐蕃、大唐、突厥、蒙古……历史上都曾在这里横刀立马。这片土地发生过多少人间聚散的悲欢离合，谱写过多少金戈铁马的壮丽篇章！吐蕃吞并苏毗、象雄后，一直想北上扩张。"汉下白登道，胡窥青海湾"，便是那时吐蕃北上扩张入侵吐谷浑的情形写照。

雄姿英发的松赞干布遇上了雄才大略的唐太宗，双方开始展开拉锯战。692年吐蕃沿于阗四镇（今天的新疆）北上的路线被王孝杰收复，717—737年东出吐谷浑被王知运等击败。747年高仙芝取小勃律，750年攻石国，753年封常清攻占大勃律国，吐蕃西进克什米尔地区辗转西北瓦罕走廊的路线也被封堵。从贞观到开元，吐蕃不断扩张袭扰大唐，但被盛唐牢牢钳制。吐谷浑地处两国之间，从唐朝属国到唐蕃之间的缓冲，逐渐成为两国交锋的前线。但盛唐时河洮地区仍为唐朝疆域，诗人们亦是高视远望。"大漠孤烟直，长河落日圆。萧关逢候骑，都护在燕然。"他们关注的是西域乃至中亚的大漠风尘、楼兰未破、胡马阴山，以及突厥、大食等遥远的神秘国度。

傍晚火车到达德令哈。海子的那句"姐姐，今晚我不关心人类，我只想你"，使这座城市声名鹊起。这里是塔里木盆地的边缘，吐谷浑的王都离此不远。从这里开始，我们将深入藏北，进入安史之乱后唐蕃攻守逆转的年代。起初，吐蕃还热心地表示要帮助唐玄宗平息叛乱，毕竟两国还是甥舅关系。但叛乱之势如星火燎原，长安不断从西域抽调精兵靖乱，几乎把整个西域的都护府都抽空了。吐蕃于是趁势攻占河西、陇右，甚至一度攻入长安。汉帜远成霞、胡马来如蚁[5]，包括敦煌在内的河陇地区从此处于吐蕃的统治长达百年之久，直到吐蕃王国内部分崩离析，公元848年张议潮起事推翻吐蕃在河陇的统治为止。而河西的丧失使得中原失去了与西域的通道，孤悬塞外的北庭都护府心怀故国苦苦坚守了35年，边军从青年等到白发苍苍，终于不敌吐蕃，公元808年全军殉国。此后数百年间，中国再未恢复对西域的统治。报国将临房，之藩不离秦。边烽逼近中枢，癣疾已成大患。

公元663年吐蕃灭吐谷浑。自格尔木以南，唐蕃几番征战，吐蕃数代统治，前后三百年，那曲以北的河湟地区深受其害。君不见，青海头，古来白骨无人收[6]。边塞诗人的目光从西北望、射天狼，回落到河湟地区的人间疾苦，以及驻

5（唐）钱起，《广德初銮驾出关后登高愁望二首》。
6（唐）杜甫，《兵车行》。

守此间的将士境况。吐蕃劫掠人口，很多汉人流落河湟，被迫换上吐蕃藏袍终年劳作，只有每年正月初一才能穿一天汉服。"一落蕃中四十载，遣著皮裘系毛带。唯许正朝服汉仪，敛衣整巾潜泪垂[7]。"这些落蕃汉人，百年间世代盼望回归中原。

为防范吐蕃每逢秋收时就来掠夺粮食，唐朝设立了防秋兵，从东南抽调兵源轮守。德宗年间的边塞诗记载了这些防秋将士艰苦的征战生活。

黄沙北风起，半夜又翻营。战马雪中宿，探人冰上行。
深山旗未展，阴碛鼓无声。几道征西将，同收碎叶城。[8]

盛唐慷慨激昂的诗风逐渐沉郁。唐代传奇小说《霍小玉传》里负心薄幸的李益，亦是中晚唐著名的边塞诗人。有人比较过他的"碛里征人三十万，一时回首月中看"和高适"胡人羌笛戍楼间，楼上萧条明月闲。借问梅花何处落？风吹一夜满关山"，同是笛里关山，心境和气概却回不到从前的风流蕴藉了。

夜里我们途经格尔木。它是新疆、甘肃、青海、西藏间的交通枢纽，如今西藏自治区在这里设立了办事处。公元前138年，汉代张骞出使西域，促进了汉夷文化的交流，打通了通往西域的丝绸之路。张骞出使十余年，大部分时间都被匈奴俘获囚居。但他始终不忘使命，逃脱后继续西行到大月、大夏完成出使任务。归途时他为了躲避匈奴，选择从格尔木返程。无论是张骞十年通使，还是苏武半生牧羊，还是沦陷百年的河西汉民不忘故国，国人对祖国的依恋、对中华文明的坚守始终是我们民族传承不灭的内生动力。

攻守易势，大唐对吐蕃的心态逐步转变。格尔木向南到那曲的旅途，向我们揭示了大唐与吐蕃在对峙之外，从未断绝的通使往来和民间贸易。

武则天时代郭元振奉命出使吐蕃，张说作诗送行：

犬戎废东献，汉使驰西极。长策问酋渠，猜阻自夷殛。……[9]

7（唐）白居易，《缚戎人—达穷民之情也》。
8（唐）张籍，《征西将》。
9（唐）张说，《送郭大夫元振再使吐蕃》。

形象地反映出角力之初唐方对于遏制吐蕃扩张势头的志在必得。张说诗十余年后,杜审言又作了一首《送和西蕃使》,反映出唐方看待吐蕃的心理发生了微妙变化:

使出凤凰池,京师阳春晚。圣朝尚边策,诏谕兵戈偃。……

从"长策问酋渠"变为"诏谕兵戈偃",说明唐王朝此时已经暂时修正了对吐蕃的居高临下心态,承认吐蕃之患并非一意依靠武力所能简单解决的,因此有在外交上谋求休兵止战的必要[10]。两个崛起的大国相互碰撞,也彼此靠近。文成、金城两位唐代公主和亲,甥舅、翁婿关系使两国走向友好,避免冲突。今天大昭寺门前的唐蕃会盟碑,还记录着双方的盟约。自从贵主和亲后,一半胡风似汉家[11]。中原佛教、茶砖、丝绸、建筑、工艺品等在争斗和通使中传入吐蕃,渐渐融进西藏的日常生活。

清晨的那曲草原广袤严寒,长长的铁路线在大地上显得特别纤细,不知由何而起,也不知远方何处。青藏铁路起筑于冻土,穿越动物迁徙路线,修建时十分注意生态保护。尽管有高原反应,但车窗外不时能见黄羊野驴在草原上徜徉,幸运的时候还能遇到藏羚羊,旅途充满乐趣。羌塘草原平均海拔4000米以上,是世界屋脊中的屋脊,却是野生动物的天堂,出产最好的克什米尔山羊绒,以及品质最高的冬虫夏草。

唐蕃古道与青藏铁路线不完全重合,如文成公主是从青海进入四川,再由类乌齐、昌都前往拉萨,但由那曲、经墨竹工卡抵达拉萨是冲衢要道,唐蕃之间的通使如前面提到的郭元振、中唐吕温等由此继续深入。其中吕温在吐蕃盘桓一年多,留下了大量诗篇记录见闻感触。比如《吐蕃别馆卧病寄朝中诸友》:

星汉纵横车马喧,风摇玉佩烛花繁。
岂知赢卧穷荒外,日满深山犹闭门。

---

10 王树森,《论唐诗对唐与吐蕃通使活动的书写》,载《学术界》(月刊)总第220期,2016(9)。
11 (唐)陈陶,《陇西行》。

又如《青海西寄窦三端公》：

时同事弗同，穷节厉阴风。我役流沙外，君朝紫禁中。
从容非所美，辛苦竟何功。但示酬恩路，浮生任转蓬。

还有《吐蕃别馆中和日寄朝中僚旧》：

清时令节千官会，绝域穷山一病夫。
遥想满堂欢笑处，几人缘我向西隅。

使节无疑是艰苦的。翻山越岭的长途跋涉、高寒缺氧的恶劣环境，即便是在医疗水平大为改善的现代，仍然难免不适，更遑论在条件艰苦的古代。郭元振出使回到内地后，面容憔悴：

容发徂边岁，旌裘敝海色。五年一见家，妻子不相识。

同时，巨大的心理压力、长期的孤独寂寞、迥乎不同的风俗习惯，以及政治上丧失的升迁机会，让这些使节承担了高昂的政治及健康代价。

中午时分，青藏铁路抵达旅行的终点站拉萨。经历了天路旅程的人们，在度过最初一晚的高原反应后，可以到老城区观赏文成公主主持修建的大昭寺和唐蕃结盟碑。铁路继续向南延伸至日喀则，那里是后藏班禅的治域。唐代深入西藏最远的可能要算出使中天竺的王玄策了。在出使遇变、使团被扣后，他逃到吐蕃借兵灭掉了中天竺。他抵达过日喀则南部，吉隆附近至今还有他留下的纪事碑。规划中的中尼铁路由日喀则出发向南，吉隆将是枢纽口岸。

公元9世纪中后，吐蕃王朝走向衰落，直到元朝最终将西藏统一到中国版图。唐蕃故事换了对话双方，中原和雪域的联系却更加紧密。探寻西藏可以经由朝拜长叩，可以通过自驾旅行，可以考证壁画古迹，可以瞻礼大寺故城，自然也可以借由古人诗言。无论哪种方式，都是对西藏最好的认知途径。

32

位于中锡边境的乃堆拉是中国与南亚传统商贸往来的重要山口，是唐蕃古道和茶马古道的重要节点，如今成为中印季节性口岸。图中5月的乃堆拉山口刚刚下过雪（摄于日喀则市亚东县）

二◎ 边境游历

BIANJING YOULI

珠穆朗玛峰（摄于日喀则定日县）

年麦策边

我曾几次到扎什伦布寺瞻礼。它殿宇众多，如鸟斯革、如翚斯飞。它依山面城，气势恢宏，云集了1000多名僧人在此学经弘法，是目前西藏僧侣最多的寺院。它曾是西藏主要的政治中心，长期统辖广袤后藏，影响力辐射南亚。历代班禅的灵塔都修建于此，供人们凭吊生平功绩。四世班禅苦心经营扎什伦布寺多年，大量扩建寺院，积极扩大影响，使藏传佛教势力远布尼泊尔、克什米尔等地区。十世班禅爱国爱教，为西藏的稳定发挥了重要作用。所以历代班禅以这两位为尊，复建灵塔殿时四世、十世班禅的灵塔规模最大，其余五世至九世则合建了一座"扎什南捷"灵塔殿。

扎什伦布寺位于日喀则城区，与桑珠孜宗堡遥遥相对。日喀则古称"年麦"，元代大司徒绛曲坚赞建立帕竹王朝治理西藏，将全藏分为13宗，溪卡设为桑珠孜宗，简称溪卡孜，音译为"日喀则"，日喀则由此得名。桑珠孜宗堡至今犹存，现为日喀则博物馆。日喀则是祖国的西南边陲，与印度、尼泊尔、不丹接壤，国境线1753公里，有亚东、吉隆、樟木、陈塘、日屋等口岸，茶马古道自古以来都是中国与南亚的通商要道，今天的日喀则更是"一带一路"倡议下环喜马拉雅经济合作带、孟中印缅经济走廊的主要承接地。但扎什伦布寺也饱尝百余年来被侵略的屈辱：1888年、1904年英军两次入侵都是由日喀则犯境，日喀则边境至今仍有领土争议。

站在扎什伦布寺最上方的密宗院，回头可以望见整个日喀则，鳞次栉比，街道井然。殿内的大威德金刚凶恶狰狞，是格鲁派密宗本尊之一。能降妖魔曰威，能护善良曰德，然而大威德金刚双手所掐的期克印（降魔印）也无法帮助藏军抵挡洋枪洋炮的威力。藏军一败再败，加之中央政府有心无力，终于有《拉萨条约》和麦克马洪线之耻。日月换新天，旧事究可哀。边境尤其是日喀则的边境，关系着西藏稳定和发展，影响着国家周边环境和重大战略实施。

新时代，网络为边疆赋予了新的语境，道路等基础设施缩短了时空，边境和内地享有基本一致的社会便利，不再是偏远之地。同样，无论是军事进攻还是网络攻击，边境和内地在现代科技面前并无差别，传统的纵深失去了意义。未来的边境经略，或当以更宽视野，利结四方、德怀远人，打造新模式下的稳定屏障和开放高地。

赴边陲，看发展，促平安。援藏的最后一年，启程考察了亚东、吉隆、樟木一线。一周时间走了七个边境县，国家对边民的补贴政策、对县域经济的支持、对道路等基础设施的巨大投入令人震撼，很多城镇十分宜居，与内地相比毫不逊色，真正体现出扶贫攻坚不是口号、共同富裕不是空喊、国家强盛不是幻觉。这是党和政府带领群众胼手胝足干出来的，是一茬又一茬基层干部苦出来的，是全国人民共同支援建起来的。无论发展中有什么样的问题，这样的伟大成就是有目共睹、无可比拟的，这样的强盛基业是可以依靠、值得捍卫的。

卓木拉日

孟夏五月，踏上了寻访亚东的旅途。

穿羊湖，经达孜，过康马。去往亚东的204省道一直往南，两旁是远远的雪山。康马县平均海拔4300多米，中间的河谷地带只有4100多米。夕阳拉长了余晖，山峦起伏柔媚。刚发源的年楚河静静流淌在原野，雪山云雾缭绕，远处山峦烟岚蒸腾。大地静谧无际。

过了嘎拉乡，路边的湿地渐渐扩展，形成长长的一抹水光。这里原叫"多庆措"，但旅行来此的人都称它为"多情错"。曾因醉酒鞭名马，生怕情多累美人。一字之改，这里便顿添浮翩之意，远人之思。斑头鸭和黑羽白鹤在湖边盘旋起舞，道旁沙尘滚滚，汹汹恃风而来，令人不敢下车。这里的沙化分外明显，是从拉萨沿途过来最严重的。

将至帕里镇时，远方的卓木拉日雪山突然跃入眼前。夕阳下，雪峰就这么从草原深处拔地而起，仿佛一位高挑的女子昂首伫立，远眺夕阳，风姿绝代。身后绵延的雪峰宛如她的披风长长伸展。天上的云团已经痴迷，盘旋在雪峰之后，吸收着晚晖的昏黄，遮蔽了大半天空，似要用无际的磅礴将漫天的倾慕压迫到

夕阳下的卓木拉日峰（摄于日喀则市康马县帕里镇）

每个人的头顶。

亚东神女峰，我路过你的夕阳。这是西藏遇到最好的风景，相机显得那么苍白无力。

亚东印象

作别卓木拉日神山，我们经过帕里镇。这里是帕里宗的故地，边境有众多山口通隘和季节性山口，千年以来就是中、印、尼、不丹各路商贾云集之地。这些皑皑雪山、茫茫草原，见证了边陲密切的行旅客商往来，也见证了藏传佛教在南境的昌隆。帕里是草原的尾声，我们随即开始下行，在夜色中穿过上司马镇,抵达了亚东县城所在地——下司马镇。

亚东县坐落在亚东河两侧,呈狭长状,两旁青山高耸,幸而林木葱郁不显险峻。因为平地不多,街道不太宽,房屋挤挤挨挨,商业繁荣。城市新区逐步向下游延伸,新的边贸市场、政府办公区都修建在下游的两个乡。

早晨6点半就醒来。小城寂静无声,窗外河水拍岸的声音听得真切。出门沿着河,跨过桥,环着主干道走一大圈不过半个小时。在亚东,长年有三四位援藏干部派驻,河东岸疾控中心门口的电子布告牌正打出"欢迎上海普陀第四批组团式援藏医疗队"字样。亚东县中学建在山腰处,硬生生从山坡上辟出半个足球场。桥畔的拉康无处安放,转经筒和经幡柱摆成长长的两列排在人行道上。小桥外头是下司马镇派出所,二层小楼外墙的蓝色警用标志已经斑驳掉皮。

过了桥往回走,步行街干净整洁,早早开门的农贸市场菜摊从里面一直摆出到门外。各色商店琳琅满目,有售卖印度、尼泊尔特色服饰香水的,也有各种山珍特产,亚东的木耳、鲑鱼、天麻和牦牛肉在西藏很有名气。街上还有圆通、韵达、中通等各家快递公司门面,这里的物流通往全世界。新霁铃声活,晨炊松叶香。朝晖斜照进小街,亚东仍在晨梦之中,一天的繁荣刚刚开始。

从拉孜到亚东的行程,其实是沿着20世纪初英军入侵西藏的路线回溯。英国对亚东窥觊已久,1888年英军入侵占领了隆吐山、则利拉大片领土,1903年年底英军从岗巴入境,占领了春丕和帕里镇。1904年年初,英军主力从乃堆拉山口进攻,随后攻占江孜。藏军损失惨重,被迫签署了《拉萨条约》。一路上,我们看到亚东县中学附近有英国驿站遗址,帕里镇有曲美雄谷抗英纪念碑,江孜县修建了宗山抗英纪念馆,那段屈辱往事的痕迹至今留存。

亚东与印度和不丹的边境都在雪山脊线上。不丹与中国有几十公里的争议边界,双方各执一端,前两年持续了好几个月的洞朗对峙就发生在亚东。河下游的几个乡村温暖湿润,青山绿水,所谓的不丹语、锡金语其实就是乡里老百姓的方言。国界线隔得开,血缘渊源却依然是同宗同脉。

从县城驱车到乃堆拉山口约需一个多小时。汽车在山间盘旋向上,亚东县渐渐变成群山间狭窄河谷的小片色块。噶举寺建在山腰一翼,时隐时现。我们从莽莽林海中穿出,随即进入雪线,天地间猛然只剩下两种色彩:黑的山和白的雪。白色统治了视野，盘旋的公路和嶙峋的山崖若隐若现，仿佛大块宣纸上的不经意勾皴。山顶的兵站凌虚蹈空，如山鹰栖于云巅。乃堆拉，藏语里是"风雪最大的地方"。山口原通锡金，现在对面站岗的是印度人。这里海拔4730米，每年4月到10月可以通行，是茶马古道上的最大商埠，也是印度官方香客朝拜的主要入境口岸。

看过了尼泊尔、不丹和印度的边陲城市，你就能真切地感受到亚东是多么繁华。社会服务普及，基础设施齐全，物资供应丰富，城市干净整洁，道路平整通达，居民生活富足。这里的人民热爱故乡，享受这里的生活，对祖国充满感情。国家的强盛在每个乡镇、每条道路、每个细节都能体现，我们以为偏远落后的地方其实丝毫不比内地的地市逊色。

夜晚的亚东广场，小雨挡不住欢乐的锅庄。好山好水，必须枕戈以卫。

狂风沙尘下的叶如藏布河畔（摄于日喀则市定结县城郊）

41

定结行摄

沿日喀则边境的国防公路既直且平,从亚东到定结几个小时就到,再不是从前翻山越岭、迂回往复的畏途了。

一早从亚东返回康马县嘎拉乡,途中顺道瞻仰了东嘎寺里的张经武将军像。东嘎寺是亚东规模最大的一座格鲁派寺庙,1951年中央人民政府代表张经武将军经印度达到亚东后,在这里会见了十四世达赖喇嘛,并转交了毛泽东主席给达赖的亲笔信和十七条协议抄本。寺里有一个小小的陈列馆,展出了当年的会见始末和亚东状况。

由嘎拉乡转而向西,经过岗巴县进入定结县。岗巴沿途高丘低岭,牧场万里,盛产全藏最好吃的羊肉,肉质细嫩、味道鲜美、毫无膻味,可惜我们没顾上停下来吃一顿。

沿着叶如藏布一路向西,再向北折向县城。定结号称湿地王国,其实是干旱季风性气候。城外江水宽广,但风沙太大,平地起扬,遮蔽得山峦只剩下峰线,尘土和上方的云连成一片,分不出是云还是沙。近处水中有小滩,风马旗在风中绷得笔直,映在蓝得发黑的水中,景色十分奇异。同车的白玛有同学在这里当交通局局长,请我们吃饭。满脸黝黑,比白玛看着要老好几岁。

从定结县到定日县也有一条新修的国防公路,路况很好没什么车。洞朗对峙事件发生后,边境的国防建设应时而动,"拥旄遥遥过绝国"已经不在话下。我们在县城北面反复转悠了一个多小时,终于找到了这条地图上还查不到的新路,趁着疾风顺水,赶到定日住下。

定结有两个小的边贸口岸——陈塘和日屋,因为行程紧张,来不及去,甚为遗憾。雄伟的喜马拉雅山脉之下,每一处山口都很宝贵。陈塘、日屋在"十三五"时期已经纳入了国家海关口岸规划,未来大有可期。

珠穆朗玛

日喀则边境诸县是三年里最后一次调研。援藏即将结束,工作尚未收尾,心情是有点不宁静的。

我们凌晨四点就起了。定日县城正在修路,我们住在城边的珠峰宾馆,大堂是浓郁的藏式装修,早餐以藏餐为主。糌粑就酥油茶,再吃上馒头和鸡蛋,胃里暖洋洋的,出门只觉得清爽。

今天要绕道老定日县城去往吉隆,途中会看到珠峰。车出了边防检查站一路追着阳光爬山。眼看着第一缕阳光从身后的山上照过来,光与影的分界线一点一点地向上抬升,仿佛在和我们比赛脚力。终于,曙光越过我们,越过山顶,照亮了整个天空。唉!珠峰日出就这样完美错过了。

当然这景色仍是壮观震撼的。五点十分到了海拔5200米的加乌拉山口,万山奔涌如层涛,极远处便是喜马拉雅山制高点,珠穆朗玛峰在马卡鲁峰、洛子峰和卓奥友峰左右簇拥之中,气度自华。我们和珠峰之间隔着莽莽群山,但都无法遮挡视线。看着日照金山的壮丽景色,会有一种错觉,觉得身处的山也很高,我们和珠峰是平视的。思绪起伏,油然而生"天下英雄,唯使君与操尔"的气概。

继续盘山,半个多小时下到海拔4700米的山腰,穿过珠峰脚下的班定村,来到绒布寺。这里是目前游客所能接近珠峰的最近点。离得近了,珠峰显得很宁静,就像在山谷里抬眼看到一座锥形的雪峰,向大本营方向是凹进去的,宛如国王伸展双臂靠坐在王座上,自然放松,并不咄咄逼人。朝思慕想的珠峰终于见到,心里一下子通达了。

绒布寺很小,却是世界上海拔最高的寺庙。一个藏族小男孩儿看见我们照相,飞快地闯进我们的镜头,还摆出了走你的酷姿。对面的大本营有几座平房旅馆和三两个饭店,都很简陋。我们走进一家,要了壶酥油茶休息片刻。这里的大通铺要70元一晚,卧具厚实,干净就不能苛求了。反正海拔都5000多米了,细菌病毒也很难生存。人在这里,对物质的要求自然而然就会降低很多。一对恋人在石头滩上拍珠峰,男孩腼腆地说他们错过了日出,准备在大本营住一晚,看完明天的日出再走。与珠峰这样近距离地接触,对大多数人来说都是一生一次,更难得还有心上人陪伴,祝福他们。

人过中年才能明白珍惜眼前,缘分一旦错过就不复返。到西藏有没有时间

绒布寺里转经的信众（摄于珠峰脚下）

来珠峰，来珠峰会不会遇到云层遮挡，追赶日出有没有意外的耽误，处处充满不确定因素。追求目标时忍耐挫折如利刃斫身，真正抵达时看淡成败怀无所住之心。即使登不上珠峰，在绒布寺为尼玛堆添一块石头也是好的。

从大本营出来，抄近路赶到老定日县城。这是一条戈壁之路，大大小小的石头布满了整个原野。这些石头一定是万年前沉于海底的巨山，随喜马拉雅山隆起后分崩离析、风吹日晒形成的。越野车小心地循着车辙向前，珠穆朗玛峰一直在身后，我们仿佛在神的国度里偷偷溜走的小孩儿。

老定日县城即岗嘎镇也就横竖两条街，从街上可以直接看到珠峰。很多背包客、自驾游都在这里落脚，饭馆、旅店都很多，很热闹。这里的川菜做得很地道。

希夏邦马

告别珠峰继续向西赶路，横穿聂拉木，跃进吉隆镇。希夏邦马峰还在前方不远处等候我们呢！这一段路程景色旷远，公路在平坦宽阔的河谷地带直行千里，左右两边起伏的雪山绵延到路正前方尽头，我们仿佛正奔向雪山。是的，我们的征途就是雪山天湖！

野驴在草场上悠闲漫步，一家子一家子的。草场还是绿黄色，平阔辽远。佩枯错如一面镜子映照着湖边的低峦，山和湖的线条柔得像情人的眼波。

西藏有无数雪山。到西藏旅游的人最易见到的著名雪山应当是南迦巴瓦峰，在林芝境内。但它也是最难见到的，因为终年云雾遮挡，很少显露真身，被称为"羞女峰"。再往西藏腹地西行，穿行在喜马拉雅和冈底斯山之间，会不断邂逅新的雪山。起初会激动不已，但见过太多雪山也会让人麻木。毕竟在西藏仅海拔8000米以上的雪山就有好几座，海拔六七千米的雪山更是汗牛充栋，数不胜数，令人分不清它们的面目和名字。待的时间长了，走的路多了，才会再次对雪山生起兴趣。因为你已经记住了它们的名字，认出它们不同的身姿和神态，知道走到哪里能够遇上。

希夏邦马的三座峰顶高下相似，山体巍峨连绵千里，远远望去并不像海拔数字那样绝仞千丈。在广袤的高原上，我们很容易失去对空间的度量，甚至对

佩枯错

时间的度量。只有当我们疾驰几个小时，仍然没离开它的注目，才知道它的辽远。

我们在珠穆朗玛自然保护区的石碑前留念，樱桃大的雪刷刷疾下。路在此处开始折而向南。孔唐拉姆山隧道正在修建，我们还须得翻越海拔5236米的山口。站在山口经幡下，回望佩枯错已被山体遮住，只见乌云垂下万千雨幕，遮蔽了那一片山川。不知道我们刚刚照相的地方，是下雨，还是下雪？

西江月·吉隆途中

2019年5月19日

意起风行青藏，时来雪覆春原。天南地北月缺圆，窗漏斜霜远念。前路耐心辗转，山口疏看经幡。道左尘面洗清泉，看映雪山云乱。

吉隆通衢

孔唐拉姆山南面一路下行。下方是曲曲绕绕的盘山路，对面的山北坡全是积雪，两相映衬险远深峻。山下到谷底趋于平缓，我们追着吉隆藏布，路过米拉日巴出生的小村，远眺了他在绝壁上的修行洞。这里还是噶玛噶举派黑帽活佛攘迥多吉的故乡，他是藏传佛教第一位转世活佛，后来驻锡于拉萨的楚布寺。

峡谷两旁山势夹逼陡峭，树木凌枝倒冠，虬生盘兀。路过一处高挂的瀑布，又继续在宛如裂缝的狭窄河谷中继续穿行。这地势险要的沟谷名叫英雄沟，公元7世纪以后，印度佛教便是从这些喜马拉雅的纵贯沟曲传到西藏的。

我们的车在吉隆镇上转了两圈，找到了预订的酒店。刚下车，一名穿着篮球背心的魁梧男子匆匆开车赶来。这是当地帮我们联络安排的朋友。

晚饭地点就在酒店背后两条街上，我们步行过去。他是吉隆本地人，对这里的情况如数家珍。吉隆镇本地人并不多，大量都是外地人，包括尼泊尔入境做生意的短居人员。这里还居住着少量达曼人，据说是被福康安大军击败散落的廓尔喀骑兵后裔，碧眼深目，皮肤深棕，没有国籍，也没有家业和土地，以打铁为生，落魄流离。2003年，国务院批准他们加入了中国国籍，就定居在吉隆镇外。

自樟木地震关闭之后，吉隆的边贸规模增长很快，海关外排队入境的货车排到几公里开外。稍稍外围的街边，停满了尼泊尔进来的货车，样式简陋，涂满了花花绿绿的文字和图案。镇上还有专门的外贸商店，摆满了琳琅满目的尼泊尔小商品和装饰品。吃饭的地方干净简单，背后的大玻璃窗正对着对面的雪山。

傍晚闲来无事，绕着几条街道散步。四面青山岫云，茂盛的森林包围着小镇。吉隆藏布河偏在一侧，给吉隆镇留出了发展的空间。这里比亚东更为宽敞，镇外还在平整地块准备建货物集散中心。镇中心有帕巴寺，浓郁的南亚建筑风格。主体殿堂分为四层，屋顶用石板和木板压叠而成，显得轻盈，和墨脱、亚东寺庙很相似。这样的屋顶想来和这里的暖湿气候相适应吧。帕巴寺后方有很大的广场，依地势分为两三层，白石栏杆上下衔接。循阶拾级，地面干净整洁。街上人很少，店铺开得懒洋洋的。

从吉隆镇向南继续下行十几公里，环着山绕一个大弧线，才到达海关。公路虽急弯很多，还不显迫仄。中途经过萨勒乡，坐落在山冲里，山形缓上，村落散布，据说县里的党校培训中心就选在这里。不时有尼泊尔车辆从对面驶来，虽然车况很差，但他们艺高胆大，会车时相差毫厘也浑不在意，令人啧啧赞叹。

　　吉隆海关高大威严，堪称国门。对面尼泊尔的公路就显得十分破烂，路面既窄，路基也崎岖不平，十分寒碜。据说已经援助十几亿元帮助修路，期待以后会改善。边境更能看出我们国力的强盛和百姓的富足，因而感受到浓浓的自豪。

　　镇边有山可以俯瞰全镇。山路很陡，又没有护栏，很担心一不留神掉到山下去。行至一半往下望，吉隆镇宛如群山之井，一小片整齐的街道房屋镶嵌在谷底森林中央，精致又脆弱。再往上十分钟，眼前豁然开朗。想不到那么陡峭的山岭之上居然有一大片牧场！草地平阔缓缓而上，屋舍稀稀疏疏散落在草原深处，云雾和牛羊在山间草场游荡嬉戏。孤云将野鹤，岂向人间住？渊明先生若在，怕也会认作世外桃源吧？

　　公元8世纪末，莲花生大师进藏途经这里，从下游激流险峻、峡谷深壁穿行至此，看到这么山明水秀的地方十分快慰，于是将此地命名为吉隆，意思是欢乐村。赤尊公主在这里告别温暖湿润的平原，从此终生相伴雪域荒原，侍奉强大的松赞干布王。她留下释迦牟尼像，修建了帕巴寺，是弘法，还是一种告别？

　　这里是喜马拉雅西段的一个小褶皱。地势造就吉隆，使者相望于道，商旅不绝于途，成为茶马古道连通南亚的重要节点。而时势造就英雄，际会了多少传奇人物英雄事迹！清代尼泊尔廓尔喀王朝从这里两次入侵西藏，西藏震动，达赖及班禅求援。福康安、海兰察远率大军进剿廓尔喀，兵锋直抵加德满都，日后以骁勇著称全世界的廓尔喀精兵俯首献降，此役震慑西南百余年。再往前溯，唐代王玄策出使印度，适逢中天竺戒日王死后大臣篡位，将使团扣留、贡品劫掠。王玄策单骑夜逃至西藏，说动吐蕃和泥婆罗（尼泊尔）共出精兵八千，旋率兵踏破中天竺，尽俘大臣以下数万人，押回长安献俘。一人灭一国的王玄策在盛唐寂寂无名，今天看来已足称惊才绝艳。吉隆县城外的摩崖石刻记载了他的一次出使，近年才被川大魏教授发现，盖了一间小小的房子保护起来。遗憾的是，也阻挡了我们近距离瞻仰的目光。玄策时名虽不显，当时快意也足矣！羡慕那

沙鸥飞过倒映着雪山的多庆错（摄于日喀则市康马县）

个纵死侠骨香、不惭世上英的年代。

  吉隆是中尼铁路的规划口岸，孔唐拉姆隧道竣工后，中国境内就只剩下穿行英雄沟一项控制性工程了，比起川藏铁路而言，难度已经不大。未来的吉隆，定然会通联中尼，成为面向南亚和印度洋的通衢明珠，为西藏经济发展提供强力脉动。

樟木危镇

樟木在聂拉木县以南，与吉隆沟、亚东沟、陈塘沟、嘎玛沟并称喜马拉雅五条沟。在数千公里高耸的喜马拉雅山山脉之下，任何一条横跨雪山的通路都弥足珍贵。这里自古以来便是中国与南亚交流的茶马古道，向南不到 80 公里就是尼泊尔的首都加德满都，是国家一级陆路口岸。

樟木镇建在喜马拉雅南麓的沟谷地带，2015 年 4 月 25 日尼泊尔地震对樟木影响很大，口岸被迫关闭，小镇成为危城，居民整体搬迁安置到日喀则郊区。我们从吉隆赶到樟木时，距离地震已经过去四年，但镇里仍然禁止人员进入，到处是开裂倾塌的楼房，工程队正在紧急抢修公路，要赶在 5 月 29 日恢复开通口岸。这里地质条件确实严峻，波曲将两岸山体切割得格外陡峻，小镇完全依附在山腰，不漏过任何一块平地，唯一一条公路盘山而下，两旁紧贴着房屋，异常狭窄。据说这座山中间还可能有裂缝，整体滑坡的风险仍然存在。

考察完樟木口岸心情有点沉重。以前的樟木非常繁华，是西藏最大的边贸口岸，全镇 3000 多人口几乎家家从事贸易相关行业，出入樟木的货车每天都堵上好几公里。现在樟木遭受毁灭性损坏，尽管恢复通商，但基础设施摧毁殆尽，地质风险不容轻忽，恢复旧观遥遥无期。这几年迁居日喀则的居民一直盼着要搬回樟木，既是故土难离，也是想重兴旧业。

县城聂拉木在那场地震中受灾严重，满城道路全部重修，楼房重建，基本是在原地再造一城。傍晚到达县城，到处尘土飞扬，宾馆的床铺沙发都不敢认真拍打。县公安局四层楼房建好两年，装修还没搞完，一半仍是清水房，已经在里面办公。

这是一个正在废墟中重生的县域。尽管也有西藏惯有的粗疏，但中国特色的勤劳、持家、向富、求强等观念仍然深入人心。希望下一次来到聂拉木，会看到美丽、整洁、繁荣的新城市。

墨脱探秘

墨脱，莲花生大师称之为"博隅白玛岗"，意为"隐藏的莲花"。这里是雅鲁藏布江在中国境内最后流经的县，有最美的雅鲁藏布江大峡谷，最美的南迦巴瓦峰，最大的雪山峡谷落差，最丰富的垂直气候带和植物种类，以及最与世隔绝的县城。传说莲花生大师调伏本教凶神化作群山，宛如重重花瓣，墨脱便在莲花秘境之中。

墨脱风景绝佳，雅鲁藏布江就是山川画卷的凿刻者。徒步墨脱之旅极度自虐，从派乡经背崩，沿途翻越雪山、穿行原始森林，与蚂蟥、泥石流斗争，历时3天到4天抵达墨脱县城，是所有户外爱好者的终极梦想。"正二三，雪封山；四五六，淋得哭；七八九，稍好走；十冬腊，学狗爬。"这是旧时民谚描述墨脱行路难的境况。

我去墨脱的那个秋季，正是墨脱公路正式通车、还没开始整治改建的窗口期，也是避开雨季和雪季的最好时节，旅途非常顺利，两天时间安全进出。早两年或是晚两年、早几月或是晚几月，都难以顺利成行。平安旅程的背后，是近四十年里值得铭记的里程碑事件：

1985年，米林县派镇到墨脱、波密县扎木镇到墨脱的马行道开通。

1995年，连接波密县扎木镇墨脱县城的墨脱公路勉强实现了"旱季南通北阻，雨季北通南阻"——分季节、分路段临时通行农用车。是中国2100多个行政建制县中最后1个通公路的县。

2004年，墨脱县第一个移动基站开通。

2009年9月，墨脱县中国电信光缆传输系统工程开通，中国成功实现"县县通光缆"。

2010年12月15日，西藏墨脱公路控制性工程——嘎隆拉隧道顺利贯通。

2013年10月31日，墨脱公路正式通车。首个移动3G基站落地墨脱县。

2017年12月27日，国道559线波密至墨脱公路整治改建工程开工，工期为三年。

2019年12月21日，墨脱县客车第一次试运营，结束了墨脱县没有客运站的历史。

......

可以说，墨脱始终是中国交通的最后一张考卷，墨脱交卷了，就标志着中国交通再上一台阶。

从波密县城扎木镇出发，跨过帕隆藏布向南，很快开始爬山。山坡斜度超过40度，散布着不少大石头，估计是雨季从山顶冲刷下来的。大片大片的杜鹃和松树长满山坡，不时有经幡挂在公路上方。回头早已看不到县城，苍翠的山谷曲曲折折，若是5月，想必定是繁花似锦。

山行渐上，植物渐疏。到达嘎隆拉隧道前时，四周已经是荒芜一片。荒原辽阔，侧面的山腰上能看见一些之字形的纹路，那就是隧道开通之前翻越雪山隘口的公路。这条公路，修了断、断了修，历经几十年，凝聚了几代修路人的心酸，也体现了国家对高原孤岛锲而不舍的连通决心。

有了隧道，长达8个月的大雪封山季节也能通车，墨脱才真正实现了全年通达。隧道长3.3公里，快穿出山体时拐了个弯，接上了山那边的盘山公路。一出隧道，眼前豁然开朗：群山之间，一道深峡时隐时现，谷底是满满的绿意。

行行复行行。虽然是盘山路，一面是石壁一面是悬崖，但有巨杉从不知多深的山底探上身躯，仿佛一根根长枪直刺苍穹，令车行也感到随侍在侧、吾道不孤。慢慢下降，植物也越来越多，才看到这些杉树的根部。我们停下车，远眺南迦巴瓦峰和加拉白垒峰。仰头回望那不知多少道拐弯的下山路，应该有几十上百米高差吧？群木澄幽寂，疏烟泛沵寥[12]。峡谷里植被越来越丰富，空气也越来越湿润，林间的朽木不知倾倒几年，长满了青苔蕨叶。有小溪不时从山坳

12（唐）司空图，《牛头寺》。

流下，穿过公路下方的排水洞流入树林。

路萦岩峦，百步九折。每每感到已经到达峡谷底部，但路还在下行。路旁瀑布飞坠，停车上山，有小亭正对瀑布，水雾扑面，真有"飞湍瀑流争喧豗，砯崖转石万壑雷"之感。四下似有声，似无声，森林变得富有生气。

越往下走，植物越茂盛，溪流汇成小河，芭蕉叶从路旁探出头来。但路也愈加险峻。溪水冲刷着盘山公路，冲毁路基，破坏路面。几处大的山坳架起了钢架临时桥，小的山涧处路基外侧用石块加固。最险的一处，铁索桥约有十几米，窄仅容一车，车一径走，桥一径摇晃。对岸的路更差，接二连三的石头垫在烂泥坑里，车辙半尺外崖下就是湍急的河水。这样的路，就算是越野车，也需要丰富的驾驶经验和强大的镇定心态。

接连穿过两个村子，房前屋后芭蕉果树丛生，鲜花开得争先恐后，屋舍已经很像海南岛上农村的光景了。在旁辛乡一处弯道边，我们停下来。雅鲁藏布江在这里绕着对面的山来了个马蹄形的大拐弯，河面宽约二十多米，水流很大，不知其深几许。

每一处景色，都有背后的意义，视欣赏的人不同而不同。世代居住在这里的门巴人、珞巴人，过着自给自足、与世无争的日子，总是让游客羡慕，向往这绝世而独立的莲花秘境。垂直数千米的落差，也会让生物学家艳羡这样鲜活丰富的生物基因库。但秘境天然就是乐土吗？墨脱是珞巴人的故土，门巴人300多年前迁入。19世纪和20世纪，因为争夺猎场土地，这里先后爆发过多次争斗，也发生过统治权易主。而由此向南还有8万多平方公里温暖湿润的低海拔地区隶属林芝，近代被印度占据，至今还是争议地区。没有国家守护，秘境就是丛林。

墨脱自有生存和发展的渴望。尽管由于传统的天性和环境的限制，这里的变化很慢，但现代化的脚步是不可阻挡的，对美好生活的向往是无法遏制的。我们只是匆匆过客，还未深入了解这里的人们在想什么，在干什么。广东佛山对口支援墨脱，为这里修建了道路，规划了新城，实施了扶贫产业项目，他们是秘境发展的助推者。

傍晚时分，我们拐了最后一个弯，看见了远处山坡上的一片低缓的建筑群。

晨曦，雅鲁藏布江的雾气升涌进墨脱县城（摄于林芝市墨脱县城，莲花公园）

墨脱县城就这样在我们漫长的跋涉和期待后，突如其来地映入眼帘。雅江已经在崖岸百米之下，一丝丝白雾在生成上涌。我们终于进入了秘境之门。

住在水电宾馆，几座小楼分布在花园回廊里，随地势可拾阶而至，条件出乎意料的好。宾馆门前是第七批援藏工作队主持建成的墨脱莲花广场，有莲花雕塑、门巴珞巴风格的文化馆和箭楼，颇具秘境味道。

清晨醒来，峡谷里的雾气已经完全漫上来，白色的云就像海水一样涌入了整个县城，再升到环绕的群山山腰，只露出几点峰顶，闪耀着金色的阳光。

这一刻，真觉得来到了三界之外，无尽隐处。

雅鲁藏布江马蹄形大拐弯（摄于林芝市墨脱县旁辛乡）

二〇 象雄凭怀

XIANGXIONG PINGHUAI

玛旁雍措湖边

陆海千里

从日喀则到阿里全长1200公里，中途要经过拉孜县、昂仁县、萨嘎县、仲巴县、普兰县、噶尔县，夏天多雨四处皆水，古称"陆海"。萨嘎位在中途，驰翰未暇食、日昃不知晏，行路到这里通常都在下午两三点，人们一般会停下来打尖、加油。但说实话萨嘎的饭菜真是不敢恭维。倒不为别的，萨嘎县经常停电，小饭馆里的冰柜形同虚设，新鲜肉难以保存。第一次在萨嘎吃饭时，还以为是老板坑我们，拿变质肉来糊弄。结果换一盘再炒，还是臭的。叫老板来问，才知道这里供电长期不稳定，据说连酒店都是轮流停电，今天走廊左边房间停电，明天走廊右边停。没办法，只好选择鸡蛋、扣肉罐头、香肠、腊肉这些保质期长的荤菜。走的次数多了，对几个地名也有了印象，桑桑镇每次都会穿行，还有一个日吾其寺金塔，在国道岔路20公里，可惜每次赶路都紧张，从来没去过。

从萨嘎县向西一路翻山，过了最高的垭口——海拔4920米的突击拉山口进到仲巴县，又开始下山。这一带是冈底斯山脉，海拔6000多米的山峰随处可见。下到仲巴县著名的扎东寺垭口后，眼前一亮：草原一马平川，大河在湿地间流淌，"轻骑今朝绝大漠"的感觉油然而生。这里是雅鲁藏布江的上游，马泉河的流域。老仲巴县城在国道上，但早已废弃，新仲巴县城距离219国道还得往北几公里，我们没有进去，只在路口的加油站停留了一会儿，在仲巴野牦牛的雕塑下照了几张照片。

停车小憩，感觉又回到了人间。从这里往南望是喜马拉雅山山脉，往北是冈底斯山支脉，群峰分列，不知凡几。虽是平原，海拔也在4700多米。道路两旁有牦牛和绵羊，时而能见黄羊、野驴。野驴屁股是白色的，一般以家庭为单位，一只成年公驴带着妻妾子女。看见车停下，也不害怕，照样吃草打滚。靠近几步，它们才懒洋洋地排成队往远处走。拿起相机抓拍，它们也很配合，会回身看着镜头，十分温驯可爱。

日喀则市帕羊草原的少女

将至帕羊镇时，在海拔 4800 米的草原深处，偶然瞥见两位白裙宽袖女子，不知狐耶仙耶？倍感魔幻，乃作一绝。

七绝一首·道左遇汉服少女

2018 年 8 月 28 日

千里荒原行复远，白衣何物起翩跹？
身非雪域清修客，偶作凡尘自在天。

斜阳下,马泉河畔沙海中的尼玛堆
(摄于日喀则市仲巴县帕里镇郊)

帕羊苦旅

帕羊镇在仲巴县西，也是我住过海拔最高的地方——4787 米。有家国企援建的酒店伫立在帕羊镇口，很新也很干净，每次路过都在这里吃饭。如果住在帕羊，路程就比较轻松，下午四五点到达后，可以先去帕羊东面的流沙丘陵游玩拍照。沙丘规模不小，拍照很有感觉。傍晚站在楼上远眺，可以看到天边的雪山和无尽的原野，如丝络一般的河流。夕阳如血，草场辽阔，难怪这里成为格萨尔王选中的牧场。

但海拔实在太高，坐着不动都很费劲，吃饭也没有胃口。一晚上抱着袖珍氧气瓶，按几下喘匀了气，马上就疲惫地睡着了；刚睡着没几分钟，手上忘了压喷气按钮，又被憋醒了。半夜里欲哭无泪，觉得随时会死去。……折腾一宿。

后来去阿里，再也不住帕羊了。多晚都要赶到普兰县，那里海拔 3900 米，还可安眠，但就得再走近 300 公里。黄昏半在山下路。在公珠措赶着夕阳奔驰的时候，在玛旁雍措着急忙慌地匆匆拍照时，就不由得感慨风景都在路上，也都在逗留和赶路的纠结中啊。

破阵子·初赴阿里
2018 年 5 月 24 日

平漠藏西五月，天风阿里三围。万里孤行无碧树，两隘奇山皆雪盔。高台星雨垂。

赴国繁森此地，寄零李广从归。辗转听心疑擂鼓，起坐抚膺若喘夔。举身付九陲。

冈仁波齐

冈仁波齐是藏传佛教、本教、印度教和古耆那教共同的世界中心，是神山中的神山。

去往冈仁波齐的路，先经过辽阔无际的仲巴草原，领略冈底斯山和喜马拉雅山的雄奇巍峨。然后，路过公珠措，很快看到远方天边最美丽的山头，像一座巨大金字塔的顶端，那便是冈仁波齐神山了。

冈仁波齐像每个人心目中的终极理想。从昌都叩一百万个等身长头来转山，对一个信徒来说，是一生都难以实现的梦想。从成都骑3个月自行车来瞻仰神山，对一名骑行者来说，是一件无比艰苦的壮举。从新德里辗转火车、汽车和直升机来朝拜神山，对一位印度教信徒来说，是一项倾尽家财的计划。当许多人把来到它的脚下当作终生愿望时，你会不会被感染？当阿里、仲巴的高海拔让你生无可恋，当漫长的旅途让你疲惫褴褛，当紧凑的行程让你孤注一掷，见到神山，你会不会热泪盈眶？

多年前我怀疑过旅行的意义，还买过同名的书，但始终没想清楚答案。有多少鸡肋无味的旅行？有多少出门就后悔的行程？资讯这么发达，视觉早可外包，为什么还需要直接体验？

但这个问题在冈仁波齐面前不是问题。它让我们所有经历的累，所有期盼的痛，所有付出的苦，所有浮躁的乱绪，所有见过的美景，所有膜拜的造像，所有读过的奥义，都苍白无力。大自然是所有伟大之中最伟大者。他把神迹物化展示给我们，直指人心，不假文字。

有时候我会疑惑，那些虔诚跪拜的人，难道真的不知道自己苦难的根源，不知道所许的愿多么缥缈吗？在这里我获得了一丝明悟。或许通过这种苦其心志、劳其筋骨的朝拜，一些人会反思自己的过往，接受自身的缺陷，补足自己的精神，成为一个自我认同、内心丰盈的人。获得这样的心态，才能在以后的人生照顾好自己，同时也照顾好身边的人。朝拜纵然有其宗教的一面，也有通过苦行点化人心的一面。

信众们在神山脚下，建了一座寺庙，立了一根经幡柱，辟了一方天葬台，

经幡帐，远处是冈仁波齐山巅（摄于阿里地区普兰县塔尔钦乡附近）

用经文、用供奉，直至用身体献祭神山。在经幡柱四周引出的密密麻麻如同圆网的经幡引绳上，我们留下了一路走来收到的所有祝福哈达，到天葬台踏足焦黑的骨砾石堆，和兀鹫面对面凝视，最后来到了对面小山上的年日寺。据说这里的大殿，转七圈就相当于绕冈仁波齐转一圈。据说这寺里的白色海螺，吹起来如同大海波涛，可以声通天界。这些设施、程序和传说建构了我们表达崇敬的渠道，也消解了我们最初的震撼和无助。

并不是所有人都能看到冈仁波齐。人生可能只有一次机会来到这里，而只有其中一小段时间我们可以用目光触摸它。这是它的神秘所在，也是它的高贵所在。而那些近在咫尺却不得其面的人，会为了这个遗憾再次跋涉。

很巧的是，219国道的1314公里处路碑，就在塔尔钦乡不远处的观景台旁边。

玛旁雍措湖畔，野鸭和大雁在雪山下戏水

玛旁雍措

我曾来回阿里，进出普兰，从不同方向走近玛旁雍措。但每一个视角，玛旁雍措都有着独特的美丽。

清晨的它轻盈芬芳，湖面泛着粼粼光点。朝阳在东方升出湖面，映照在西北方向的冈仁波齐神山之上，宛如湿婆神注视着他最心爱的妹妹。黄昏的它波澜不惊，倦归的灰鹤黄雁聚集在湖边，剪影营造出温暖的港湾。而正午的它碧波万顷，大片大片高高低低的玛尼堆和颜色鲜艳的六字真言石片布满了整个湖滩，风拨动经幡点缀出丰富的弦歌。

玛旁雍措被誉为圣湖绝不仅仅是因为它的美丽。远古时代的藏民最早聚居于此，天然对近在咫尺的冈仁波齐和玛旁雍措充满了敬畏之情。本教典籍上说：一条从冈仁波齐而下的河，注入不可征服的湖泊——玛旁雍措湖。有四条大河由此发源，流向东、南、西、北四方（即狮泉河、马泉河、象泉河和孔雀河），成为南亚的主要江河，无怪乎那么多宗教都把这里当成了世界中心。我曾经和普兰县公安局的桑布副局长交谈，他刚刚忙完神山脚下每年5月底的"塔尔钦"佛事活动安保，正在布置为进藏的印度、尼泊尔香客提供保障。他说，很多香客非常虔诚，不携带任何高原保障药品就入境转山、转湖，每年都有人"长眠"在转山转湖的路上。但无论是香客还是他的家人，都不以为意，甚至觉得这是最好的死亡方式。中国从边检站开始，每个环节都很重视香客的人身安全。每年的6月至9月，也是普兰最为忙碌的时刻。

与"湖山此地曾埋玉"的孤山西湖相比，这里少了几分文人雅趣，多了许多质朴虔诚。仁者乐山，智者乐水。看见高山我们敬畏膜拜，看见神湖我们油然而生亲近和惆怅。与山对话我们会检视自己的信仰，与水对视我们会反思自己的过往。传说喝下圣湖玛旁雍措的水可以涤荡身体，用湖水洗目会让人明亮。

惭愧，我做了可耻的科学卫道士。

象雄故邦

普兰县坐落在孔雀河谷上，海拔不到4000米。无论是从阿里还是仲巴过来的旅客，到这里便觉得安适。这里是喜马拉雅山山脉南侧，从帕羊牧场过来，一路下行，但路并不险峻，公路两边是柔美的草场，清晨可以看到野驴、黄羊，还有灰鹤。到冈仁波齐转山的印度和尼泊尔香客，很多从这里入境。

普兰－札达一带是古象雄国的都城。远古的西藏地区有三个大的部落：象雄、吐蕃和苏毗。象雄最早崛起，其疆域西至克什米尔，南至尼泊尔，东到昌都、玉树，分为阿里三围（普兰雪围、芒隅草围、札达崖围），即上象雄、中象雄和下象雄。吐蕃进入赞普时期后迅速崛起，松赞干布起兵吞象，将其收为属国。公元839年吐蕃赞普朗达玛灭佛，吐蕃王朝分崩离析，象雄也分裂成大大小小的头人势力。朗达玛被僧人刺杀后，他的孙子逃往阿里，投奔当地头人，于9世纪建立了古格王朝，王城位于今札达县。古格王朝存国近800年，17世纪被拉达克灭亡，其辖地后来被达赖政权收复。古格王朝从此被历史遗忘，直到近代才发现遗迹。

象雄也见证了西藏信仰的流变。这里是雍仲本教的发源地，幸饶弥沃（一说兰惟圣者）从原始苯教（魔本、赞本等）基础上发展出较为完整的教义理论，并传播到整个西藏。可惜后来在佛本辩论时失败，逐渐衰落。吐蕃灭佛后，大批吐蕃僧侣逃亡象雄，前弘期佛法由此在阿里得以留存。本教也从佛教中汲取了大量教义，进阶为白本。1042年，印度高僧阿底峡大师到阿里讲法，称为"上路弘法"，由此开启后弘期时代，很多佛教宗师都从阿里习得佛法，衍生出萨迦、噶举和格鲁等派别。古格王朝崇尚佛教，阿里当时是重要的佛教传播中心。

普兰的历史与藏西民族迁徙融合、与本教、佛教纠葛照见渊源甚深。但今天的普兰县，满城开挖修路，处处尘土甚嚣。很像一位女人，虽然饱阅风霜，却带着轻松的心情，忙碌着家里的活儿。

普兰有边贸市场，售卖从尼泊尔和印度过来的银器、铜器、木雕和香烟、香料等。边贸市场全是临时搭建的棚屋，在这里可以发现心仪的凤眼菩提念珠和金丝纹路的木头茶碗。这种木碗色泽金黄，纹路细腻绵密，据说能够辟毒，价格高昂。清朝四川总督孙士毅曾有诗云：

蛮乡鲜埏埴，厥木乃代兴。

斜阳塔林。（摄于阿里地区札达县托林寺）

洼中而圆外，巨罗亦同称。
善闻嘉树誉，谓获楼祥征。
择木胜择居，得梳俨得朋。
出入必与偕，如拳拳服膺。
有时置家祭，即此供豆登[13]。

隔着小河的尼泊尔对岸有个小村落。因为没有公路和尼泊尔内地相通，香客只能乘坐直升机到达。村子很简陋，以平房为主，尘土甚嚣。但听说因为毗邻中国，那里的老百姓很富裕。从"一带一路"倡议前景来看，尼泊尔境内的公路接续不会太晚。

狮泉河镇

阿里是西藏最难抵达的地方，但对科杰来说，这里却是第二故乡。他的父亲在这里工作几十年刚刚调回河北，三年前他又来到这里，开始援藏。这里的一山一水，都看着他成长。

我们相识的那天下午，他邀请我去他的宿舍，给我展示他搜集的那些奇石。很多都是他业余时间到狮泉河捡的，还有一些甚至是花钱从村子里买的。他认真地说，这些石头以后我要托火车运回石家庄去。说这话时，北京时间已经夜里十点，狮泉河

13（清）周霭联，《西藏纪游》。

镇街头人迹稀少，狮泉河堤岸宽阔，沙鸥回翔，晚霞尚满天。这里与北京相距三个小时。

阿里面积34万平方公里，人口10万，是地球上人烟最稀少的地方。据说一到冬天，街上的狗比人还多。河北、陕西、中国移动等对口支援阿里，这里很多道路和建筑名称都带有明显的两省特色。阿里平均海拔4500米，是西藏最艰苦的地区，每批都有援藏干部牺牲在岗位上。脱发、失眠、早衰、心脏反流、痛风……几乎人人有一堆毛病。有几位认识的援友，分在几百公里外的县上，听说我来了，开好几个小时车赶来见面。我很感动，他们却摆摆手说："这点路就是串个门，算啥？"

到了阿里，距离的概念显得飘忽。深夜我们去阿里的天文台，不远，就在东面几十公里外的山上，国家天文台修建并派人长期驻扎。天文台的同志很热情，给我们介绍了馆台的情况，又带我们到屋顶用天文望远镜看星星。风吹得望远镜不断摇晃，人坚持不到2分钟就觉得冷彻全身。巨大的环形山和月影拉近到了眼前，清晰得毫无杂质。这里是全球大气宁静度最好、空气透明度最高、晴天最多、最适合观测星空的地点之一，是北半球和夏威夷齐名的顶级天文台。繁星璀璨，银汉横贯，大地静谧得能听见牛郎织女的私语。

阿里给我的印象，便是漭无边际的大，人烟稀少的荒，万籁俱寂的静。喜马拉雅、冈底斯和喀喇昆仑南北横亘，阿里的时空都以千秋万里计。这么荒凉的土地，却是西藏最早有人类活动的地方，新石器时期人类便在这里仰望星空，三千年前崇尚大鹏鸟的羊同建邦，通达西域与吐蕃。孔雀河、狮泉河、象泉河、马泉河……发源于这里的四大河流，每一条的下游都世界闻名。佛法，丝绸，战乱，和亲……在中原必是信史的事情，在这里却模糊不清。古格是怎么消亡的？本教是谁创立的？雅利安人血脉还余几分？中原佛教、印度佛教、西藏佛教是怎样融合的？说不清……和这天地的壮阔辽远比起来，这些不重要。

商队带来远方的消息，游吟的说唱诗人讲述着格萨尔王的故事，有几分真，几分假？这是生活中关于远方的唯一消息，有些疑惑还想等明年再问清楚，商队却忽然销声匿迹，几十年都不再出现，这里又成为孤地。直到天下靖平，才有马帮出现。这样一代代的传说、想象、转述，谁也不知道真实的历史究竟是什么。藏族是史料丰富的民族，梵文贝叶经保存最多、最完整，大藏经浩瀚数千卷，格萨尔王全文8000多万字，行吟诗人可以说一辈子也说不完。但史料便是历史吗？

所幸，这里也不苛求。仅仅这喜马拉雅和冈仁波齐，仅仅是古格、象雄，便足以让旅人痴狂。更多的，让后人慢慢探察吧！我到阿里的那一年，国家文物局牵头的联合考古队又有重大发现。这片土地是地球上最年轻、最高阔的，却也沉积了数千年的人类活动印迹。

白日悠长，相去千里，且饮一杯狮泉河水，再慢慢道来吧：

捧上了一杯狮泉河的清泉水，
再献上一朵六月红柳花，
哦……亲爱的朋友啊，
请喝杯我们敬的酒。

别看我们的礼物小，
它代表我们千言和万语，
哦……亲爱的朋友啊，
请喝杯我们敬的酒。

唱上了一首阿里人民的歌，
再跳上一曲阿里人民的宣，
哦……亲爱的朋友啊，
请喝杯我们敬的酒。

哦……亲爱的朋友啊，
请喝杯我们敬的酒。

——阿里地区敬酒歌《狮泉河的清泉水》

班公措晨

洞朗对峙时，网上流传一段边防士兵飞踹印军的视频。这个视频拍摄于班公措。

班公措在阿里的西北部，湖水大半在中国境内，小半在印度境内。据说在我国境内的是淡水湖，在印度则是咸水湖。湖心有鸟岛，每年五月是繁衍季，万鸟萃聚，蔚为壮观。

从狮泉河镇绝早出发，两个小时可以抵达。路旁有几处古老的日土岩画，拙朴生动。伦珠曲典寺在日土县城不远，雄踞在平原上一座突兀的小山上。这是日土唯一的寺庙，见证了日土宗的兴衰。山头有已经废弃的寺庙遗址，也有新修复的两处殿室。虽然不高，但四面都是大片湿地草场，倒显得这山巍峨高大。湿地里各种鸟儿嬉戏浅翔，令人屏息流连。

五绝·绝早访班公措

2018 年 8 月 27 日

静夜棱峰远，霜原素鹤闲。
欲观山外措，硕月镜滩圆。

日土县219国道路旁的湿地

古格遗址

札达县是阿里地区最值得去的地方。因为这里有湮灭已久的古格王朝遗迹，有壮美连绵的土林地貌，有象雄地区的庄严古刹托林寺，还有很多废弃的旧寺如皮央东嘎等，足以让人流连忘返。

古格王朝遗址在札达县城外 20 公里处。一座土山从山脚到山顶，有密密

清晨第一缕阳光照耀在古格王朝遗址上（摄于阿里地区札达县郊）

的洞窟、土屋、宫室和寺院。那些洞窟都很小，只有两三平方米，据说是平民和士兵的住处。越往上，地位越高，国王的宫殿在山顶。经过数百年的风蚀雨剥，早已残败不堪，只剩断瓦残垣。山腰的两三座寺院相对完好，壁画风格活泼，笔触灵动，不似日喀则或拉萨地区的寺庙壁画庄重肃穆。不知如何比拟，就像热带和温带的区别。顺着石阶往上攀登。海拔4000多米，每一步都很艰难。爬到次高一个平台，喘成一团。向土城背后望去，隔着深深的沟壑，眼前是参差嵯峨的土林。

回首西陲势渺茫，东迁种族几星霜[14]？

古格王朝留下许多未解之谜，他们是怎么一夜之间覆亡的，对面山上的藏尸洞里的尸体是什么人，在这里找不到答案。或许是带着不甘吧，这些房屋舍宫苑并未彻底湮没，固执地挺立在山麓。但此后数百年，这里仿佛被恶魔诅咒，人们遗忘了它，从未发现它。

回到山门旁边的小院子，穿过开满格桑花的小径，到工作人员休息的屋子里讨一杯甜茶喝。我们的司机巴次早就坐在这里，和两个导游妹子聊得火热。其中一个是本地人，另外一个是尼泊尔过来的，藏尼混血。我掏出手机，翻出那张手印照片给她们俩，问她们见过没。她们端详了一会儿，都摇摇头。

在远古的小邦时代，象雄建都在穹隆银城，就是今天的札达县内。周围还有很多小部落，号称象雄十八国。这里和中亚、南亚交流密切，大食、勃律都是往来之宾。或许今天在阿拉伯，吉尔吉斯等地还能找到象雄的影响力证明。遗址山下的白庙红庙建成年代较早，应该是古格王朝立朝不久。最好的壁画完成于公元11世纪左右，那时阿底峡大师已经来到阿里，上路弘法已经开始。本教、印度佛教、中原佛教、后弘期的藏传佛教都汇集于此。古格王朝覆亡后，这里销声匿迹，一切都如同千年之前。如果真有伏藏之后的伏藏，手印之外的手印，或许这里会有线索。

一时间，我想起那位执着于寻访手印的僧人。

14（清）王国维，《读史二十首》。

札达土林

土林是札达最为著名的景区,也是札达最显著的地理特征。远古时代,这里是一片大湖。随着地壳隆起,湖底上升,经过常年水蚀风刻,便形成了今天这千垒万壑的壮观场景。

札达是边境县。从219国道岔路向札达县城方向走,翻上山顶不久,就见路中央有道闸杆,路旁两间房是边防检查站。这里常年有四五位同志驻守,有警察,也有辅警。他们很热情地让着我们进屋里休息,还斟满甜茶、切好西瓜款待我们。西瓜真甜,办公室也真简陋。西藏设有一级二级检查站几十个,有的检查站在海拔四五千米的荒原上,前不着村、后不着店,用桶水都得开车几十公里去取,天冷了没有经费买煤取暖,非常艰苦。为了道路交通和社会安全,这些检查站还不能完全撤掉,相应的保障设施特别是工作设施如果上不去,检查站持续运行就会特别困难。我曾经做过一项社会治理方面的课题,西藏在基础设施建设方面仍然任重道远。告别时我们留下几箱饮料,算是一点心意。高原生活久了,习惯于用热情回应热情。因为大地如此辽阔,人又如此微渺,我们不知道会不会再见面。

按照他们的指点,我们很快到达了土林观景台。远眺土林,会有一种错觉,觉得这层叠如屏风的土林如此巨大,又仿佛很小,可以尽收眼底。观景的我们在自然面前如此渺小,却恨不得气吞万里。对着无人机大家一起欢呼合影,不由得想起杜甫《遣怀》里的两句诗:

气酣登吹台,怀古视平芜。
芒砀云一去,雁鹜空相呼。

长年镇守这里的人可能熟视无睹,但潜移默化之下,性格自然也豁朗。我想无论有什么郁结,在这里都会忘记吧。因为人间的那些事,在自然伟力面前都微如一粟。只是开悟的人会真正放手,而凡人只是暂时遗忘。

开车从土林观景台到札达县城,就好像在巨人国里赶路,行走在大地褶皱

札达土林（摄于阿里地区札达县）

的深沟里。那一堆堆垄土有沉积层的分明印迹，又带着千年万年朔风切削后的光润，让人兴奋、震撼又屏息沉默。如果说大地是有灵性的，那这里就是它最新、最真的袒露。如果说大地在述说什么，那这些土林便是它最直指心灵的语言。

埋没一生心即佛，万年千载不成尘[15]。

15《楚云南禅师诗》。

皮央东嘎

札达的遗迹很多。古格王朝在这里经营近千年,全盛时覆及整个阿里,是吐蕃崩溃后藏传佛教复兴之地,佛教寺庙遗址星罗棋布。

东嘎扎西曲林寺遗址和皮央石窟群在札达县的两个村子里,离得不远。东嘎寺原来的寺院只留下一些土墙石壁,有几间洞室还保存完好。汽车拐进村子时掀起漫天尘土,简陋的几间土屋,见不到半点绿色,这里就像《星球大战》里反叛军藏身的霍斯星球,亘古就如此荒凉。想起绝大多数时间我们大老远慕名拜访一些寺庙,却往往名不副实的经历,我一度不愿攀爬那令人精疲力竭的石阶。

皮央石窟数量极多,但最大的几个石窟壁画也开始褪色剥脱。村民告诉我们不要用闪光灯,只能借助自然光欣赏。这些石窟洞室里的壁画都是佛教主题的,画面布局比较规范,但色调偏爱蓝色和土黄色(也可能是颜料氧化的原因),有很多巨大的坛城,还有大量菩萨、天女、度母画像。佛像自有法度,脸庞浑圆,服饰贴身,供养人的画面篇幅也很多,神情生动,形象轮廓较为跳脱,带着明显的印度、尼泊尔风格,与后藏那种宫廷化的严谨截然不同。很显然,这里是一座遗世的壁画宝库,却因为种种原因,至今仍然荒芜。

托林寺是象雄的宗教中心,至今传承,后来改宗格鲁派。建寺的仁钦桑布大师是西藏著名的大译师,一生翻译了17种经、33种论、108种密咒,还有不少医学、文法、工艺等方面的书。其成就之大,以至于藏传佛教密宗以他为界,自他以后的称为新派密咒,此前的称为旧派密咒。寺庙建筑极工整对仗,据说是仿桑耶寺修建,确实与桑耶寺不遑多让,可惜很多建筑已经破坏。现存除大殿外,有一座遍知如来殿外形独特,四角都有小殿,很像一种朴素的分形图案。寺外佛塔极多,是绝佳的拍摄场景。夕阳照在大小不一、形态各异的佛塔上,拉出长长的影子,如金戈铁血的古战场。不远处是峭岸深谷,象泉河在河谷中流过,留下大大小小的绿洲沙渚。立马城阴高处望,塔尖留得古斜阳[16]。王朝兴亡,教派更迭,都敌不过这斜阳,亘古如斯。

阿底峡大师上路弘法,在这里传法三年才东入卫藏,最后示寂于拉萨。藏

---

16 何振贷,《铁塔诗》。

皮央石窟的壁画局部（摄于阿里地区札达县皮央村）

历以阿底峡到达拉萨的那一年作为元年（1027年），足见对他的尊重。他之后，印度佛教渐衰而藏传佛教日益隆盛。托林寺的历史与两位大师的传法经历如此密切，见证了藏传佛教的时代转变，也成就了寺院的尊崇地位。

是夜住在札达县最好的土林大酒店。大堂高敞，落地玻璃墙正对着河对岸的土林，惜乎无梦。

水龙吟·阿里
2018年6月13日

挟尘绝地八千里，迢递象雄春望。关河旌隘，驿台倾寺，残垣古幛。露草黄川，平滩蓑鹤，声希野旷。向神山拜罢，圣湖涤过，长相看、云天上。

试饮青稞新酿，宿穹窿、逐弦荒腔。象泉九曲，一曲一忆，流年梵唱。画壁繁城，窟山累世，一朝迁忘。牧牛羊四野，鲜衣怒马，酒酣歌亢。

四 · 丛林恒沙

CONGLIN HENGSHA

帕邦喀宫，位于拉萨市区西北郊

古城旧寺

从山羊驮起第一包泥土，大昭寺、布达拉宫先后修建算起，拉萨建城已经 1400 多年了。很多人对拉萨的印象停留在一些照片游记上，以为这里是一个宗教氛围浓厚的边远小城，适宜旅游拍照而不宜生存。其实拉萨作为西藏的首府，就像任何一个省会城市一样，政府功能齐全、社会设施发达。除了缺氧，我觉得拉萨是一个特别宜居的城市。

久居拉萨的最大好处，就是可以深入感受那些日常生活背后隐藏的本地文化。而老城区，不仅保留着一些历史建筑，还生活着很多老住户，就像开向从前的窗口。三年来我常在这里散步，那些历史长河里的故事，都在眼前变得鲜活。

有时候是上完班，觉得充实，晚饭后带着愉悦的心情散步。有时候是晚间读书后，眼花颈酸，信步出门放松，不期然进入巷子。有时候是心情郁郁，难以排遣，听任脚步带着自己向前。萧条益堪愧，独在天一隅。在西藏独居久了，难免心情起伏。这些幽巷旧寺，用它们身后的盛名和眼前的敝旧，用勇猛精进修行和恬退冲和安居的映照，提点我放平心态，做好自己的事，关心身边的人。

大昭寺、小昭寺、色拉寺、木如宁巴寺都是耳熟能详的打卡景点。很多次，我路过那些慵懒的黄昏，听过那些寂静的月色，看过那些虔诚的清晨，想象过公元 842 年的僧侣们被朗达玛逼着还俗，

扎什伦布寺的僧人

大昭寺成为猪圈,而15世纪宗喀巴和他的弟子们在这烂泥塘边如何自如地生活,同时安于崇高的威望。有一次冬夜在拉萨电影院看完电影,走到大昭寺广场的西边,我们决定要喝点酒。接了电话陆续赶来的几位朋友,在巷子里的酒吧里陪某个桂林姑娘聊了一晚上,直到大昭寺周围的流浪狗都看不下去,从窗口冲着我们狂吠,才结束酒局。

丹杰林寺建在八廓街西面的居民区深处,寺门开在二楼,要沿着高高的楼梯走上去。寺旁边有一家很大的甜茶馆,藏族男人们成天兴致勃勃地玩藏式骰子,动作大开大阖。喜德寺在北京东路北侧的老巷子里,夕阳远照暮霭苍茫的时候,可以爬上喜德寺措钦殿屋顶,拍风马旗后的布达拉宫剪影。春天去策门林寺逗猫,看它们在矮墙上长久地窥视桃树上的麻雀。夏天在仓姑寺的甜茶馆装模作样地拿本书,要壶甜茶,假装自己是旅行者等待别人搭讪。冬天踱进小昭寺、下密院或木如寺,从壁画里细细考证从未发现过的密宗手印。还有那些大寺驻拉萨办事处,总有令人惊喜的地方,如敏珠林设在八廓街的拉康,售卖和本寺同样价格的上好藏香。这些寺庙和民居混杂,僧侣也和居民同居一地,修行与生活相安无事。虽然不那么纯正,却也成为新的风景。

我们的接触方式决定了我们所能获得的。那些书上的历史,渐渐被生活细节替代,这些旧寺于是成为个人的记忆,带着当时的情绪和温度。

林廓之内,都是故事。

水龙吟·过拉萨策门林寺

莲灯欲暖青阶冷,长角一声渐寂。风低巷小,甘青裹毡,康藏袒臂。游僧远俗,持杵摇筒,低眉密律。过扎康铺巷,幽庭深院,北来客、淹留驿。

星稀年年此际。料西塘、迁雁栖聚。轮月空横,疏枝照影,涩草书迹。俯仰千年,文柳盟碑,迢遥唐女。忘华灯暮上,繁弦宴乐,长安初遇。

水龙吟·傍晚闲步偶得

2017年10月24日

庭前月季犹喧,萧零秋树不重碧。城河渐浅,暮云弄影,残霞流羽。

鲁固西边，深墙白壁，儿童顽戏。向僻街尽处，寻常院里，铁栏锁、昔时寺。

绕廊何妨小憩，日栖峰影经幡里。煨桑雾袅，等身毡薄，捻珠默祈。次第呼灯，稀疏归客，叩门酌肆。只唐卡铺内，菩萨像侧，细摹工笔。

哲蚌昔来

手印是藏传佛教密宗里的仪轨，是身、语、意三密之一。西藏图书馆里有好几本藏传佛教艺术的画册，非常精美，对各种手印都有图片介绍。传说梅兰芳京剧手势"开剧届未有之奇"，其中就借鉴了莲花手、宝钵手等佛教手印[17]。西域和中原、古法与新剧，总有机缘融合。

进藏工作和生活逐步安顿后，开始慢慢熟悉环境。援友们纷纷忙碌，好几位已经开始出差下乡，朋友圈仿佛在直播出行艰险。到周末有空时，我们互相约着聚会。有一天在拉萨最好的夜市天海路吃串串，聊到藏传佛教手印数量繁多难以尽知，一位援友接道："这还不容易？哲蚌寺是达赖的驻锡地，全西藏佛教研究的翘楚，到那儿一聊不就全明白了？"

哲蚌寺就在市区西郊山腰上。我们托朋友找了一位寺里的喇嘛给我们当导游，顺便好好游览这座格鲁派大寺。它由宗喀巴大师的大弟子降央曲吉主持修建，无数殿堂从山门一直排到极高处。它有四大扎仓，规模最盛时有一万多人在这里学经，从二世到五世达赖都在这里居住。这是拉萨最值得一来的寺庙，认真转下来估计得整整一天。我们沿着殿堂之间的狭窄石梯爬得气喘吁吁，一边听扎西喇嘛给我们一一介绍两边的房屋来历渊源，一边顺便还参观了哲蚌寺著名的旱厕——蹲位距粪坑足有十几米高，恐高症患者估计不敢尝试。

因为是下午，敬香的人少多了，辩经场上有很多僧侣正在捉对呼喝。我们停下来看了一会儿。这时我掏出手机翻出玛吉阿米留言本上的照片递给扎西师傅："这是什么手印？"

扎西喇嘛睁大眼睛认真看了好一会儿，眼睛在黝黑的脸庞上更显得黑白分明。然后摇摇头还给我："不认识。"

咦？这天都没法聊了！我追问道："是你不知道还是就没有这个手印？"

---

17 俞丽伟，《师承渊薮与佛教手印——梅兰芳戏曲手势的两大源流》，载《上海戏剧》。

他涨红了脸说:"我不知道,但这个肯定不是手印嘛!我看过阿巴扎仓里师兄们的书,从来没见过这样子的。"

不得不说,扎西喇嘛是个实诚人,比现在很多虚头巴脑的仁波切强多了,至少他不撒谎。我后来也翻过《密教印图集》,387种手印里确实没有那图片上的。扎西算不得不学无术了。何况我也没请教他学到哪个阶段了,是还在修习显宗的五部大论呢,还是已经入了密宗门槛。

我们在措钦大殿门前的广场坐下,看了半天拉萨市区。风吹得高大的经幡柱哗啦啦直响。这座措钦大殿形制庄重,内饰富丽,占地数千平方米,是整个哲蚌寺的核心。揽胜如此,已是非常尽兴;然而寻觅探幽不得,总是令人略有不甘。

过了一周,扎西喇嘛给朋友打电话转告我一个口信。他问了阿巴扎仓的师兄,听说最精擅手印的一位喇嘛两年前西行寻找机缘了,不在寺里。但那位喇嘛也曾讲过,藏传佛教手印浩如烟海,今人所知未必便是全部。他的云游,也是为了寻访未知伏藏中的遗珠。

西路是印度佛教最早进入西藏的路径,也是后来中原佛教、藏传佛教和印度佛教争锋激荡的所在。追溯前尘,考寻湮佚,西行旧路原比故纸堆里更有希望。

点绛唇·二月初四访哲蚌寺

2018年3月24日

哲蚌春分,山形初润蓬枝密。红僧攘臂,经辩菩提意。
望阙凭栏,谁主千秋邑。羌声里,半城烟色,宇拓桥边驿。

甘丹措钦

雪顿节是拉萨的传统节日,一般在每年七八月。格鲁派规定,藏历四月至六月僧尼不准外出活动,以免踩杀生命,称之为"雅乐",意即夏安居。七月一日开禁后,方可下山,农牧民会敬献酸奶子,这就是雪顿节(酸奶节)的由来。其实这种禁足的规定,汉传佛教也有,称之为坐夏。2017年夏末,我和社科院几位援友一起参访甘丹寺，便遇到一次有趣的短暂禁足。

甘丹寺是藏传佛教格鲁派（即黄教）的祖寺，由创始人宗喀巴大师亲自修建，在藏传佛教中的地位非常显赫，哲蚌寺、色拉寺、扎什伦布寺都是其后才修建的。历史上，甘丹寺曾经是西藏的政治中心，有六千多名僧侣在此修行。所以直到哲蚌寺成为达赖喇嘛的驻地，其处理政务的地方还称为甘丹颇章。

开车出拉萨向东一个小时，下高速，进山岭。路转峰回几次，一抹亮色忽然掠过眼角。在远处最高峰下，一片佛殿白塔闪现出来。那么规模宏大，那么色彩庄严，和脚下的荒凉群山形成了强烈的对比，宛如神迹。

初秋的拉萨已经进入旱季，夏天的湿润离我们远去，氧气更加稀薄。慢慢盘山上去，同行者有高原反应强烈的，肠胃十分难受，中途下车休息好几次。甘丹寺群山环绕，河原壮阔，视通万里，原是适合修行的好地方，不过也是修建特别艰难、修行特别艰苦的地方，就连朝拜，也须受苦受难。陪着略显文弱的学者小憩，有些同情他要在西藏度过难熬的冬季。每个援藏的人都很坚强，轻易不流露软弱的一面。骨子里，都靠一股硬气撑着。

我们不是朝拜者，也就没有顾及寺庙的作息。到措钦大殿时已届下午四点，即将关门，没有游客，也没有僧人。进去草草观礼，不觉误入深处。等听见外面关门的声音，奔回门口，已经被僧人从外面锁上，走远了……一时啼笑皆非。这么多年，我还从来没被关在佛殿里。同伴们还在门外的寺里闲逛，但我想电话解困肯定没问题。既来之则安之，干脆静静游览一下吧！

措钦大殿是藏传佛教寺庙的核心建筑，相当于汉传佛教寺庙的大雄宝殿。一般供奉本寺的主供佛和特定的佛祇，是全寺僧侣诵经学习的场所，也是高僧活佛聚众讲经的地方。甘丹寺是当时格鲁派第一寺，规格之高、规模之大一时无二，所以这间措钦大殿显得格外空阔。

但光线仍然幽暗。措钦大殿通常有两层至三层，首层门厅左右两侧各有一架陡直狭窄的木梯通向第二层，沿着梯子爬上去后，会进入一个四合院似的空间。沿边四围都有佛堂，中间一圈空地，正中央则是一个大洞，和一层正中的主供佛上空连为一体，四面有窗围挡。首层没有窗户，采光就依靠第二层的窗户。所以无论早晚，措钦大殿都只得一面有阳光泄下。

而阳光又被重重叠叠从屋顶直垂到地面的经幡帏布遮挡，再从这些暗得发黑的绛色帏布上漫射到大殿的其他角落。所以此刻，站在大殿中央，我看见一束阳光仿佛舞台灯一样打在地面上，白得耀眼。而四周，却幽暗得什么都看不见。

顺着墙根儿慢慢溜达。夯墙的土很坚实，上面抹得光滑细腻，绘满了唐卡壁画。从佛本生开始，各路菩萨的生平事迹，各大金刚本相法相忿怒相喜乐相，一一细心描绘。到了侧墙，壁画前竖起了佛像。逐渐向正墙，更为重要的佛祇开始出现。释迦牟尼像、观世音菩萨、主供佛强巴佛、宗喀巴大师，等等。再转过去，便是文殊、大势至、怖畏金刚、佛母，宝相庄严，神态各异。正中佛像背后两侧各有几步台阶通往后面一间小经堂，侧身上去，突然发现这里还有一位中年僧侣，坐在角落清理供奉钱物。真是太惊喜了！有人在，肯定就有出口，说不定还是暗门呢！

想象着电影《达·芬奇密码》中梵蒂冈密宫的样子，我跟这位僧人攀谈起来。他听不懂也不会说普通话，来来去去只能讲四五个单词。只好打电话给藏族同事帮忙沟通。结果令我沮丧：这里确实有一道侧门可以出去，但只能僧人走，我不能通行。他答应出去后就去叫人，然后就真的起身离开了。

继续盘桓。大殿地面上摆着一排排的坐垫，上面的僧衣整齐地扎成一堆，好像一排排坐着的人。安静得一点声音都没有。感受这种奇异的情境，想象一代代藏传佛教格鲁派教主甘丹赤巴就在这里修行，统领着全天下的格鲁派僧人，觉得很不可思议。一座与世隔绝的孤峰，一间幽暗密闭的房间，就能左右这辽阔的雪原和更广阔的地域？对于沉湎事务的人来说，想象那种无上神通的恬退淡泊，实在有些苛刻了。

终于有僧人赶来替我开了门。道了谢，出门慢慢游览。阳光越过白墙照在对壁又反射回来，映得这曲折的巷子特别圣洁。整个甘丹寺在"文革"期间曾完全毁坏，只有宗喀巴大师造像被偷偷藏起来得以保全。大批僧人逃往印度，在那里再建了一所甘丹寺。"文革"后复建的甘丹寺

秋天午后的甘丹寺（摄于拉萨市达孜县）

不复当年的规模,在寺僧侣只有 100 多人。眼前的经堂扎仓康村,其实已经不是千年前的模样。

惋惜也是一种执着。前弘期那么多典籍,大多不能作为伏藏重现天日。不事生产的僧人越多,对民生的侵蚀越重。清朝后期西藏有支粮的喇嘛八万多人,可想而知老百姓的负担多么沉重。历史上中原有三武灭佛,吐蕃有朗达玛灭佛,多少也缘于此。不拘泥于家业,只执着于修行,才是真正的猛士,同时也才能成为真正的喇嘛。

出作行香客,归如坐夏僧。藏传佛教在万物复苏时避让,汉传佛教在盛夏雨季时坐禅,都是一种慈悲觉悟。这么看来,无意间被禁足于措钦大殿,是不是也在点化我对援藏的认知呢?

小重山·十月初二上甘丹寺

2017 年 11 月 25 日

河边秋榆渚上风。拜山千转尽、起惊鸿。
经幡一片出枯峰。众籁远,金殿梵音钟。
秘境立红宗,重楼云色寺,壮哉宫。
措钦深暗晦难通。垂幛里、日影有无中。

帕邦喀宫

有一天,一位内地朋友咨询我拉萨值得逛的景点,我不无卖弄地向他介绍了我去过的那些脍炙人口的著名景点,顺手打开高德地图为他计划日程。忽然发现,那些寺庙名字下,都有一个值得去景点的榜单排名,一时好奇,便点开看看还有哪些是没有去过的。

帕邦喀寺就这样跃入我的视线。它是松赞干布和文成公主从山南迁来拉萨时的第一座住所,准确地说应该叫帕邦喀宫,因为松赞干布并不信奉佛教,那时布达拉宫还没有建成。

第一句藏文的六字真言铭刻在这里,历代达赖喇嘛转世后都必须到帕邦喀宫礼佛受戒,获得"格西"学位后也都要来这里举行庆贺仪式,它是"佛教二十四胜地之第二殊胜之地",在藏传佛教中享有特殊的尊荣。

而且,它就在拉萨城区边缘,距离我的住所只有十公里,堪称近在城郊的清幽去处。

拉萨的魅力这时就体现出来了——我合上手机出门,还来得及约着另一位朋友,不到一个小时就抵达了帕邦喀寺。

这里是拉萨的西北角,一处名叫乌都拉的山坳。在寺门口,可以回身看见大半个拉萨城。左前方,有一块庞然巨石,下方向里凹处做了一间拉康,外面环绕着一圈转经筒,巨石顶上更是巍巍立起三层佛堂,令人啧称奇观。帕邦喀,就是藏语巨石的意思。

这样的巨大而突兀的石头,在西藏还有很多。日喀则市聂拉木县城依山而建,有块巨石镶嵌在县城上下两条主干道之间,巨石顶上还开辟了一个小小的广场。地质学上把它们叫作冰川漂砾。

寺院并不大,最著名的当属巨石底下策久拉康内侧岩石上的白拉姆护法神,据说是自然显现在石壁上的。还有巨石南面脚下的怙主三尊殿,这是帕邦喀寺的主供佛。所谓的怙主三尊,是藏传佛教密宗事部中的观音、文殊和大势至菩萨。此外,还有创建藏文的吞弥·桑布扎亲自书写的藏文六字真言。

西藏的寺庙除了布宫、三大寺、萨迦寺等寥寥几座有名寺庙之外,规模都不大,没有特别宏伟的殿堂。这或许和西藏匠作艰难、人力劳苦有关,或许也和西藏的经济文化水平有关。但西藏的寺庙又很有特色,每一座寺庙都有独特的历史或者宗教或者人文意义,如历史上某个重要人物曾经在此隐修过,或是石壁上有天然浮现的神佛造像和真言,或是某个著名教派的传承之地,或是某个前弘期伏藏典籍发现之地,等等。这些传说不知真假,也很少有人认真考证,但老百姓却很笃信。这些传说就让简陋的寺院显得大巧不工、自得拙趣,就像西藏的五色经幡一样,虽然简陋无华,却胜在浓烈纯净,为寺庙赋予了独特的人格。

徜徉在帕邦喀寺,时光仿佛未曾流逝。我既像在当下的傍晚,看着西斜的阳光张扬地照映在素白的帕宫外墙上,那光影的明暗一如既往地让我沉陷;又像在千余年前,光线穿过殿墙狭小的窗棂落在长垂的深红色的帷幕,酥油灯的味道和僧人低低的吟诵亘古不变，跪坐在最里面一排榻垫上，心里一无所思。这种古今交映似量子态叠加，令人恍惚。

帕邦喀宫东面还有两三处房屋的废墟，相传是文成公主和松赞干布当年居住的地方。断瓦残垣，还依稀有房屋的轮廓。想起在西安参观过的恢宏长安旧观，百肆鼎沸的九坊，柔软滑腻的丝绸，臻于造化的文艺，眼前这绵延童山粗砾石墙，无端让人起柔肠、荡幽思。

寺前双人合抱的野桃树，不知是否见过文成公主。只是刚刚三月末，满树蓓蕾都未绽放。岩上桃花开，花从何处来？灵支才一见，回首舞三台[18]。寺庙与桃花从来都有不解之缘。花开时十里软红，花谢处零落成泥，可能也有助于勘破红尘吧？

寺遇夕阳，花恨未开，天地虽悠悠，却有着太多惊喜邂逅和意犹不足的片段。

七律·访帕邦喀寺
2019年4月2日

为听春色访郊山，花在文成旧寺间。
枝上双鹇鸣故调，门前细犬卧偏庵。
寻芳何必林芝汛，礼佛须知僻处虔。
日暮禅房经诵久，轻云细雪满黄川。

热振古今

热振寺在林周县最北端，拉萨与那曲的接壤处。从拉萨到热振寺大概四小时车程，走当雄或林周东西两线均可。2017年4月我曾经在当雄专程寻访，驱车往返500公里，却在快抵达时被路上深坑阻绝，怅然而归。这次参访自当雄去由林周返，倒暗合了藏传佛教顺时针转寺的规矩，却在回程时又错过了另一座心仪已久的达龙寺。

拉萨到当雄G109国道路况不错，唯大车较多。当雄转林周的最后80公

18《觉海法因庵主》摘自《开悟诗》。

里先经过一段土路，然后沿热振藏布河（已修建水库）向唐果乡迤逦而行。一路天高野旷，山色湖光，令人流连叹止。这里靠近那曲草原，海拔4200米左右，山上不生树木，只有薄薄的一层草皮和星星点点的草甸。时值深秋，密草黄芒，连绵无际，雄浑苍辽。因为修筑水库，水面宽阔，山影浮云与河滩绵羊连成一片，难辨天水分际。河岸深处有几处房屋，牧民们在这里起居和饲养牲畜。都是就地取材，土墙平顶，单进矮院，与山水融为一体。从前没有公路汽车，拉萨到热振寺骑马需要几天时间。这样的山高水远，峻险难至，才让修行者息心，让朝拜者虔诚。

相传松赞干布在普央冈钦山洗发，洗发水促长了两万五千棵柏树；一说观世音在此修行，剃发化作三万棵巨柏。无论真假，一路濯濯童山，忽然看见一片郁郁葱葱的柏树林，总是让人震撼惊喜的。特别是只有这一座山才有树木，旁边、对面的山峦仍然一棵树都没有，不能不赞叹千年前仲敦巴选址的精妙。

仲敦巴出生于藏传佛教后弘期，即公元11世纪初。他对佛教兴趣浓郁，勤奋好学。阿底峡大师在阿里托林寺传法三年准备回国时，西藏的喇嘛们为了挽留他，把仲敦巴推荐给阿底峡大师。阿底峡见仲敦巴根慧意坚，爱才之心大起，打消了回国念头，留在了西藏。后来阿底峡到桑耶寺传法译经，仲敦巴一直随侍。阿底峡圆寂于聂塘后，仲敦巴继承了师傅的衣钵，带领阿底峡的弟子们受邀到热振地区弘法，在这里修建了热振寺，创建了噶当派。热振寺承接了上路弘法的余绪，又成为格鲁派发轫的源头，在藏传佛教中地位显赫。

热振寺并不大，只有一座措钦大殿，一座护法殿而已。从山脚而上，道路两旁都是两三人合抱的古柏，虬枝皴干，荫翳蔽日。经殿僧舍一时都掩映在林间枝外。措钦大殿是近年来复建的，主供如来、觉阿疑绛巴多吉（是阿底峡所依之本尊。"觉阿"意思"尊长"或"至尊"，是对佛祖的一种敬称。"绛巴多吉"是密宗无上瑜伽续部密集金刚的别名）和仲敦巴。里面的佛殿供奉着密集金刚，这也是热振寺的主供佛。经堂宽敞，四壁绘画尤新。香客寥寥，大多是附近中老年藏族妇女。措钦大殿后方的山坡上，僧舍鳞次栉比，十分齐整，比拉萨很多寺庙都宽敞。大殿门前有一片小石板铺就的小广场，石板缝参差疏草，颇有野趣。据说每年的节日藏戏都在这里表演，热振活佛届时会在大殿三层的

热振寺（摄于拉萨市林周县）

阳台上观看。

热振活佛是藏传佛教八大呼图克图之一,历代活佛常担任达赖喇嘛的经师,在青海四川和西藏声望很隆,每年都有信众不远千里来到这里朝拜。1933年,十三世达赖喇嘛圆寂,五世热振活佛担任摄政王。那时热振刚30岁出头,正是年富力强的时候,他调摄政教,深得民心,圆满主持了十四世达赖的寻访、掣签和坐床仪式,有效维护了中央政府对西藏的治权。

但雪域高原也非方外之地。英国人和俄国人对西藏觊觎已久,此时英国已先后两次入侵西藏,将江孜、亚东等设为商埠,划出了麦克马洪线,并在西藏大力扶植亲英势力。借助谣言,他们逼迫热振活佛把摄政王让给了73岁的达扎活佛,回到热振寺隐修三年。

沿着寺里的林廓道,我从大殿向后穿过僧舍,爬上山腰,瞻礼佛塔。热振寺有两三座白塔,据说阿底峡和仲敦巴的灵骨便供奉于此。转经道再往山上是修行洞,山后还有一座尼姑寺院,寺院西侧是帕邦当,即磐石草场。每年帕邦当廓节,老百姓就来这里集会贸易,举行"赛马""枪青"等活动,观看"羌姆"(跳神)。山腰上树木更加繁茂多样,松鼠和大喜鹊在灌木草坪间跳跃往来。隔着小佛塔眺望,远处雪山草地,山谷溪流村庄,山脚森郁柏林,下方庄严寺院尽收眼底,一派世外景象。就像佛教的修行之旅,经过无穷无尽的荒瘠跋涉,最终到达如此美好安详之地。

然而来到这里的也并非都是信众。达扎活佛摄政后始终声名不彰,与英国人多有勾结。三年后热振活佛要求收回摄政王职位,却被达扎活佛诱捕下狱。拉萨的僧侣们纷纷反对,达扎借助英国人的力量,血洗

了色拉寺，又连夜派兵炮轰攻打热振活佛的本寺，举寺僧侣几乎覆灭殆尽。这条路，也是达扎活佛攻打热振寺的官兵所走的路线。

达扎活佛为防后患，在监狱暗杀了热振活佛，据说是捏碎睾丸而死。当时拉萨街头出现了很多关于杀害热振的歌谣：

罪孽深重的普觉，
双手沾满了杀害山羊（注：指代热振）的鲜血，
作为这罪恶勾当的报偿，
他得到了拉萨米本的宝座[19]。

惊心动魄的历史过去几十年，已经慢慢被世人遗忘。眼下的热振寺据说有一百多名僧侣，大部分都很年轻，仅有一名格隆，没有格西。当今的七世热振活佛刚刚21岁，常年在色拉寺学经，寺里每年七月十五日的帕邦当廓节也乏人主持。在寺里漫步十分静谧，看不到几位僧人，不知道一百多名僧侣都在哪里修行。

藏传佛教是西藏神秘瑰丽的因素之一。旧时代，藏传佛教是政教合一的核心，统治着奴隶制下的西藏。新时代，融合进世俗生活的宗教又面临宗教与法律的界定，信仰与世俗的纠缠，科技与法术的结合，安乐与苦修的矛盾。偏居山谷，既可能成就潜心修炼的大德，也可能让年轻僧众们逃向城市。缺少高僧，会降低寺院的佛学造诣，噶当派第一寺和格鲁派教义难以传承光大。若戒律日懈，仪轨不行，则会让寺院逐渐名不副实。凡此种种，都让人觉得忧虑，又抱以期待。

追访先贤之迹，喟叹前朝之治，观察今人之行，思虑朝堂之策，正是远赴西藏最大的意义之一。

雍仲林寺

沿着从拉萨到日喀则的318国道，从仁布县进入南木林县不远，雅鲁藏布江和乌郁玛曲的汇合处，可以望见路北侧山坡上的一片寺庙——雍仲林寺。来来回回经过多次，终于有机会拜访。

---

19 [美]梅·戈尔斯坦，《喇嘛王国的覆灭》，杜永彬译，中国藏学出版社1989年版。

南木林在西藏本教历史上有很重要的位置。象雄王国十八冠角王据说都是集宗教和政治于一身的部族头领，祝氏是其中第二大世系。这一家族从勃律东迁至阿里，复从阿里迁至日喀则，在南木林修建了叶茹温萨卡寺。1386年叶寺被洪水冲毁，良美·喜饶坚赞（本教第二祖师）又修建了曼日寺，便是如今本教的主寺，位于南木林土布加乡境内的妥嘉山腰，海拔4700多米。今天我们到访的雍仲林寺，从前是曼日寺的分寺。

国道旁有座水泥桥，桥前拦着路障杆。守杆人先不忙着抬杆，而是招呼旁边一位老人和两个小孩儿过来，托我们把两个小丫头和一篮鸡蛋捎到雍仲林寺下面的村子去。还没到雨季，乌郁玛曲正处于枯水期。河滩有几十米宽，遍布鹅卵石和蓬蒿，越野车可以直接横渡。若是雨季，就需要绕道几公里走上游的桥。过河穿林，放下两位小姑娘，在村子里一排排的土屋中绕来绕去，雍仲林寺就这样出现在一片开阔的荒地上。

雍仲林寺崇尚本教。信仰一门衰落的宗教，雍仲林寺在西藏处于微妙的地位。

教义是一门宗教的核心。原始苯教崇拜万物，有很多神祇，拜山拜湖这些西藏习俗都是从本教开始的。吐蕃王室一直笃信本教，印度佛教传入后，佛本论争中本教也取得了最初的胜利。这个阶段本教吸收了印度佛教的一些教义，逐步形成了雍仲本教，开始有了相对完整的教义、相对核心的神佛系列，还有相对固化的修行方法——大圆满法等。但总体来说，本教有太多的原始宗教特征，不如现代宗教那么鲜明自洽。本教后来被打压，有人从阶级分析的角度，认为万物有神的平等性与剥削制度的等级化不匹配，导致统治阶级放弃了它。也有人从教义理论角度，认为原始粗疏的信仰和幻术、咒语等仪式，难以吸引有一定认知水平的信徒。

教义的进化并未止步，当今仍有一些本教活佛、僧人在积极探索。另外，寺庙作为宗教发展的主要场所，是重要的基础设施，但本教一直处于积重难返的状态。本教并不像格鲁派一样注重寺庙建设，佛本两教地位消长后，逐步被排挤到那曲、康巴、安多等相对边缘的地区，原有寺庙被收编转派。据统计，2003年西藏本教寺庙为90座（占全区寺庙1/20）。当然，本教传承分为几类，除了大一点的寺庙，还有类似于藏传佛教里拉康和日追一样的小型寺院和修炼地，被称为"都耐"和"塞康"，林林总总大概几十个。另外，本教讲究世系家族传承，辛（gShen）氏及其辛仓寺、祝（Bru）氏、叙（Zhu）氏及其日星寺、芭（sPa）氏及其芭拉普和芭仓寺、美乌（rMevu）氏及其尚日寺[20]仍然得以保存，但不尽为外人所知。缺少寺庙，影响力自然也就削弱。

就拿眼前这座雍仲林寺来说，原本传承自曼日寺，后来也是本教重要的研究中心。但曼日寺"文革"时被毁，虽然重建，已大伤元气。雍仲林寺就这样成为本教的主寺（一说曼日寺仍是主寺）。

寺院外墙圈了很大一块地方，进了门楣后眼前是开阔的荒地，足有数千平方米，真正的建筑并不多。车可以径直开入，直到杜康大殿旁边停下，一路上没有人影。

旧寺新建，壁画什么的当然也比较新。供奉了本教祖师和建寺高僧，一一随喜。从大殿后门转出，拾级而上，左右都有拉康，正前面是一溜儿石阶，通向高处的佛堂。殿堂外墙都是褚红屋檐、白色或黄色墙壁，光线和色彩都很相宜。大殿东面有露天的辩经院，门外一棵树枝繁如冠。

拍照花了一些时间。佛堂门口视野很开阔，可以看见鸟儿掠过大殿的屋脊向对面山头飞去。雍仲林寺坐北朝南，依山面水。按照本教修建房屋的要求，房屋必须以念山为背景，山上最好覆盖着红色的苔藓，像一只大红鸟。前面也应该有山，但应低于后山。右边须有一条河流经广谷，左边须有山脉做屏障。前后左右，应和朱雀白虎玄武青龙之徵。这里正是风水殊胜之地。

宗教兴衰正如人生起落，既有偶然因素，也有必然因素。佛本论争后本教转入民间，朗达玛灭佛后藏传佛教进入黑暗期，在上下两路弘法之前，藏传佛教与本教同处于低谷。本教与藏传佛教都做过改进调适的努力：原始苯教中的凶神被绛伏成藏传佛护法神，煨桑、转山转湖、风马旗等引入藏传的仪轨中。本教糅合了藏传佛教的教义,雍仲本教吸收了印度佛教的内容……象雄《大藏经》和德格版《大藏经》可以考证出不少这样的交流。藏传佛教进入后弘期，本教在10世纪末也曾进入后弘期。祝氏在后藏经营数个世纪，萨迦世系与祝氏关系

---

[20] 引自百度。

西藏最大的本教寺庙热拉雍仲林寺，一位僧人正步下佛堂（摄于日喀则市南木林县）

密切，五世和八世班禅都出身祝氏。然而受清朝"尊黄抑本"的影响，八世班禅早逝，导致祝氏家族从此断绝，本教亦更受挫折。格鲁派的一家独大，至今仍是西藏宗教的一大特点。

西方学者戴维·斯奈格罗夫（DavidL.Snellgrove）认为，藏传佛教是印度佛教的遗留，本教才是真正有价值的西藏的传统宗教。当代藏学曾经很关注本教，但只限学术领域，本教似乎已经成为历史的标本。就像这门前冷落的雍仲林寺。

应当说，本教万物有灵的信仰，其实很切合当今敬畏自然、保护环境和多样性的潮流，符合尊重个体、关注感受的需求。这些方面的阐发弘扬，不知道可否开辟本教新义？

南去北来休便休，白苹吹尽楚江秋[21]。式微的时候偏安此地，亦不失为清净本意吧。

夏鲁问迹

拉萨到日喀则开车有南北两条线路。北线较近，约5个小时，一路随年楚河向西，途中可以隔河眺望日喀则最大的本教寺庙——雍仲林寺；南线较远，需要8个小时，沿羊卓雍措（即羊湖）北麓向西划过四分之一湖岸，再经过卡若拉冰川，由江孜抵达日喀则。2017年8月北线仁布县段突发泥石流阻断了道路，于是我们只好走南线。

南线景色比北线更胜，尤其是有千奇百幻的羊湖相伴。来西藏旅游的人们最容易看到的湖泊便是羊湖，但往往只是羊湖北面短短一段。然而羊湖绵延浩荡，东西长几十公里，绕湖开车要一天多，其幽胜绝美之处比比皆是。忍不住走走停停，赞叹拍照，到下午2点方才抵达江孜。尽管我们比较皮实，到此也饥肠辘辘，于是停下来吃饭。

路边找了一家川菜馆，一进门便看见一桌人也在吃午饭，其中几位年轻人依稀是羊湖边遇见过的。出门在外，几句话也便熟了。说起行程，也是往日喀则去。一位戴眼镜的小伙子忽然插话道：你们去夏鲁寺吗？

原本是没在计划内的。西藏的寺庙何止千百，本地人一生也去不了几个寺

21（宋）程颢，《题淮南寺》。

庙。若是一一看去，不知何年何月才能看完。不过既然提起话头，也撩起了我们的兴趣。既然时间允许，又已说及，便是缘分。于是趁着日头尚高，一同前往夏鲁寺。

从江孜到夏鲁寺并不甚远，约20多公里吧。沿着国道分出的一条小公路，蜿蜒行进在青稞田间，不时还有一条小溪前引后接。经过一个小村子，一个小小广场后，就是夏鲁寺了。

夏鲁寺是夏鲁派的祖寺，寺庙很小，仅有三座殿院。我们到达时，天色略阴，微微下着小雨。僧人要去吃饭，大殿二层不让参观。在幽深狭小的措钦大殿参礼，一个转身似乎就可以看完。夏鲁寺的大殿是汉藏风格的结合，下层为藏式的主体结构和外墙，上层为汉式斗拱飞檐，琉璃瓦配夯土墙，非常有特色。

历史上夏鲁派曾赫赫有名。创始人布顿大师佛法渊深，夏鲁派别有教义，是于藏传佛教四大教派之外的独立宗派，许多高僧都曾向布顿大师求学。吐蕃王朝分崩离析后，夏鲁寺统治周边大片疆域，是强大的割据势力。

绕着小广场转悠，村里老人们围坐一旁闲聊。我们走进甜茶馆里和老板聊天。那个小伙子一直在大殿里举着手机电筒认真观看壁画，半天才出来。倾身给他倒了一杯甜茶，问：你是来旅游的还是来采风的？

他笑笑："我是做咨询的，也喜欢旅游。"

"准备去哪儿？"

"没定，一直往西吧，日喀则看完就去阿里，拉达克也想去看看。"

"喜欢藏传佛教？"

"还好吧！只是觉得挺有意思的，尤其是壁画。有些地方和敦煌壁画有共同的元素。"

"那倒是。夏鲁寺就是元朝重修的，敦煌肯定也有元代的洞窟吧！你去过敦煌？"

他笑起来，露出洁白的牙齿："我以前学考古的，为了毕业设计在敦煌待了大半年。莫高窟每一个洞窟我都转过。敦煌的星空跟西藏一样灿烂。"

他掏出手机，递给我："大叔，你见过这样的壁画吗？"

我接过来。照片中央有一尊菩萨，占据主体1/3的位置。周围有飞扬的舞者，也有膜拜的信徒，还有凶恶的异形。和平日里寺庙的壁画很类似，但人物神态、信徒衣着还有那些异形的造型，也有略微的差别。

"这是印度佛教壁画吗？你在哪儿看到的？"我递还给他，开玩笑地说。

"当年我在敦煌时拍的，那个窟后来损毁严重被封闭了。不搞专业好几年，但这些壁画一直感兴趣。我这次进藏，主题就是壁画溯源之旅。"

我沉默了一下，不知道该怎么接。年轻人的旅行带着探索，不像我们信马由缰。他端起甜茶，喝了一口，望向门外。雨已经停了，但天仍阴郁，估计赶到白居寺也拍不了什么好照片。

"西藏的寺庙绘画有原始苯教元素，后来引入了犍陀罗、尼泊尔风格，又进行了漫长的融合和阐发，但中原文化自汉唐以来曾多次入藏，其中的过程还远未发现。不光是文成、金城，还有摩诃衍那，我关注黑暗期汉传佛教对藏传佛教的影响和补足。敦煌曾被吐蕃占领统治百余年，这幅壁画虽然来自敦煌，但应该源出西藏。我找了好多寺庙，都没看到类似的。我有预感，这次我一定会找着的。"他看着夏鲁寺屋脊对列跪祈的小人和檐角兽吻，滔滔不绝。像是在跟我说话，又像是给自己打气。

司机师傅站在门口冲我示意，我点点头，一口喝完甜茶，站起身来："西藏是个奇迹发生的地方。祝你好运！"

车掉了个头，往村外驶去。隔着车窗冲他扬扬下巴，他也伸长手臂，使劲挥手，神采飞扬的样子。

青稞四野。

叶巴暮色

转八廓街时遇到一个熟人，她向我推荐净土的生鲜奶。买回家煮开以后，味道确实浓郁。她也提及拉萨附近的扎耶巴寺。

我是傍晚去往扎耶巴寺的。阳光正烈，打在脸上热辣辣的。拉萨的晚高峰正堵，收音机里的调频噪声很大。看着阳光在远山勾勒出线条分明的峦影，我盘算着能不能在日落前赶到。

上了纳金山，风开始凉爽。回望拉萨城，一江白水，数点沙洲，两岸是鳞次栉比的房屋，在强烈的阳光斜照下，呈现出明暗轮廓。纳金山口的五色经幡遮天盖地，在这黑白世界中分外夺目。山峦因为起伏的阴影而显出褶皱，让人产生一种错觉，似乎这莽莽群山很小，可以几笔绘就，又似乎很巨大，使人仰望而自渺。

去扎耶巴寺先往林周县城走，快下山时拐进拉日宁布山里。水泥路略显破损，在山谷里起伏迂回，沿着一条小溪溯流。路两旁是灌木和杨柳，起初有屋舍掩映。也许是傍晚的原因，路上几乎没有车辆。渐渐路随山转，远远能看见阳光照耀的山峰上，有红檐白壁的几处寺庙，散落在岩间松畔。空气清新，野草葳郁，山谷里空无一人。收音机放着哼唱的藏歌，没有伴奏，曲调也不分明。这样的行程似乎有目标，也似乎没有尽头。

穿过村庄，越过小桥，来到山脚下。仰头瞻望，山间的寺庙更显得地势险峻，几欲飞去。抵达山门时，阳光已经越过了寺庙，照在对面山坡上。四下静谧无人，这整个山峰，山间的白塔佛殿，脚下的河谷，对面的草坡，都相对无言。不像西藏常见的山那样荒芜贫瘠，这里到处都是簇簇灌木，浓密的草甸覆盖了山体。几只漂亮的鹂鸟在歌唱，宛转嘹亮。一条小狗朝我奔来，离得远远的又停下，好奇地观察着这个晚来的旅人。

扎耶巴寺相传是松赞干布为爱妃芒萨赤尊公主修建的神庙，距今已有1500年历史，是西藏四大隐修地之一。这里尤以108个高僧修行的圣洞闻名。8世纪莲花生大师来这里修炼，11世纪阿底峡大师在这里讲学著述，17世纪五世达赖为这里修建僧院和寝宫。从最早的噶当派，到格鲁派，到宁玛派，扎耶巴寺见证了藏传佛教的教派变迁。

顺着山路蜿蜒而上，可以次第参访各处的禅房和密洞。寺庙与别处并无二致，但更为狭小，紧紧镶嵌依附在陡坡绝壁之外。端坐在小小神殿的门口，望着远处山巅上的一抹金黄，山势雄浑，河溪曲回，村镇散落，人似已从此间抽身出来，俯观世相，仿如图画。我想当年松赞干布选址这里，定是觉得在这里阅瞰山河，便是凡夫俗子也能领会佛法奥义，舍却人间繁华吧。

隐隐传来法螺吹响的声音，低沉浑厚，若有若无。月方初升，万里空辽，

扎耶巴寺位于山巅之下，峭壁危岩边（摄于拉萨市达孜县）

银辉洒在殿堂墙壁上，更显得缥缈洁净。似可触摸，又难触摸。扎耶巴山离拉萨其实只有 20 公里，却仿佛离尘世万里之遥。拉萨的月色也算极好的了，赏月时往往浮想联翩，悲秋怀远。但在扎耶巴，望着对面的山，看看山下的溪流，似着意，似无心，一无所思，浑然忘机。原来所谓秘境，便是岁岁年年，都永如刹那。

忘记是怎么回到拉萨的了。那一隅清净，始终慰藉灵台。民谣说，西藏的灵地在拉萨，拉萨的灵地在叶巴；到拉萨不到叶巴，等于做件新衣忘做领。我还想加一句，到叶巴不看看月亮，等于喝甜茶不配净土生鲜奶。

科迦吾乡

科迦寺位于西藏阿里地区普兰县科迦村,处在中、印、尼三国交界处,距尼泊尔边境只有十几公里。从地图上看,已是西藏离北京最远的地方。即使在西藏,在阿里,也有很多人从不知晓,从未去过。尽管偏远,但科迦寺却是萨迦派的重要寺庙,为印度、尼泊尔群众所共同尊崇,其历史可以追溯到千年之前的藏传佛教后弘期。科迦寺和札达县的托林寺、拉达克的耶玛寺号称阿里三大寺,相传都由仁钦桑布大师一日建成。

从拉萨开车向西,一日而至日喀则,再一日而至普兰,凡2000公里。第三天困顿疲乏,睡到自然醒,在满城修路的普兰县吃过早饭,继续南行半个小时,便到了科迦寺——这样艰苦自虐的旅途,今年我便走了两次。

巨大的空间跨度让我们心理上便感觉遥远。前段时间看了一篇文章,是一位在普兰开超市的年轻人写的普兰生活,记录了如何搭车到一千公里外的日喀则市进货,如何在小小的县城做熟人社会的生意,如何照顾智力稍逊但温柔可爱的妻子⋯⋯十分朴实生动,真实呈现了这个地方的状况。我曾在普兰县公安局遇到一位成都籍的女民警,脸圆圆的,机灵勤快,半年前考公务员到了普兰,刚刚安顿下来,对未来还在设想。对于我们来说,这是异乡、他人的故事,但他们成了联系普兰和内地的纽带。其实我们心目中的遥远异乡也是他人的故乡,都有各自的生存之道和生活乐趣。我们觉得普兰偏远,隔壁尼泊尔人却将之视为大都会呢。国家推动扶贫异地搬迁,其实是在根本上改变一个地方人们的生活方式。

科迦是异乡即吾乡、遗世而自足的悟道之地。普兰以南,地势继续下降,孔雀河在山峦间刻画出深深的沟壑。尽管离札达县已经很远,这里的山依然有土林的特质。阿里地区有四条较大的河流,狮泉河、马泉河、象泉河和孔雀河,光听名字便很有西域意味,让人想起西游记里的狮驼岭。孔雀河藏语称为马甲藏布,由普兰、科迦蜿蜒而下,进入尼泊尔和印度,便是著名的恒河。沿河一带,有大片肥沃的农田和牧场。转过一个山头,远远看见河道旁一片绿林,小小村庄,中间一点醒目的红色建筑——这便是科迦寺了。

科迦寺是典型的先有寺、后成村。相传人们从尼泊尔请了一尊文殊菩萨像欲到噶尔栋，车行到这里时，大车被石头硌住停下，无法前进。此时菩萨忽然开口道：我即依附于此处，扎根于此处。于是人们遵从菩萨心意，便在这里建寺，后渐成村。科迦的意思，就是留下。怎么样，是不是很像普陀山不肯去观音的传说？

村子不大，寺庙更小，只有一座释迦殿（觉康）和一座百柱殿（祖拉康）互为犄角格局。觉康里供奉着文殊菩萨，以及当年建寺的喇嘛大德、本寺的前任活佛等。藏传佛教寺院一般会有各自的主供佛，然后根据规模大小供奉释迦牟尼、弥勒等佛菩萨，以及阿底峡、宗喀巴等宗教大师。藏传佛教吸收了很多本教的本土神祇，颇有一些泛神的意味，如桑耶寺供奉的神像中就有一只鸡。科迦寺的壁画很有名气，大部分壁画都是建寺时留传下来的，天长日久被酥油熏得色泽黝黑，需得细细辨识所绘的神佛和经变故事。在前藏吐蕃王朝崩溃后，阿里地区古格王朝又延续了数百年，较好地保留了藏传佛教文化，这里又是印度、尼泊尔和西域交往频繁之地，因此壁画中表现出明显的尼泊尔、克什米尔和印度犍陀罗风格。这种壁画，在阿里札达县的皮央、东嘎遗址中也能寻到踪迹。

百柱殿顾名思义是由百根木柱支撑而成的佛殿。殿门是罕见的多层镂雕对开木门，不同于西藏大多采用浮雕式的雕刻，这样比例匀亭、图案繁复、工艺精美的木雕十分罕见。国内外亦有研究者对此详加研究，称誉为举世无双。木雕据说记叙的是《罗摩衍那》和《龙喜记》故事里的经典情节，遗憾的是大部分的人物面目都被削去，只有最底层角落的几个头像幸存[22]。

科迦寺殿内柱子上悬挂着很多面具，是每年法会表演所用。虽然在这样与世隔绝的小村落里，科迦寺每年都会举办法会和节日活动，周边群众甚至尼泊尔的老百姓都会赶来参加。每年春节

---

22 李俊，《西藏阿里地区普兰县科迦寺拉康木雕》，载《西藏研究》2015年4月第2期。

从孔雀河谷上方远眺科迦寺（摄于阿里地区普兰县科迦村）

后不久，便是村里的男人节，男人们停下一年的劳作，开始为期十天左右的庆祝。抬起佛像在村里巡游，戴上面具跳起神舞，喜庆的气氛十分浓厚。面具在很多民族文化中都占有重要地位，三星堆的青铜纵目面具、贵州的傩戏面具都很有特色，西藏面具同样如此。据说最久远的面具便出自阿里。我曾经在日土到班公措的路边看过岩画，那个叫任姆栋的地方岩画很多，其中有一幅舞蹈祭祀图就出现了鸟形面具，真实记录了远古时期本教的求神仪式。西藏面具有纸质、羊皮、毡布等不同材质，有的还填充了羊毛、棉花，更添质感。科迦寺的僧人很骄傲地向我们介绍了壁上的面具，还指出了他去年所戴的一具羊皮面具，做工细腻，线条栩栩如生，十分精美。

步出科迦寺，抬目四顾。灿烂阳光下，雪山环绕中的科迦寺红墙鲜艳，经幡招展，巍峨安静。沿寺墙是转经道，几位藏族阿妈正一边捻珠，一边拨动转经筒。想起大殿里供养的科迦寺老活佛的照片，坐在寺前一张椅子上，晒着太阳，脸庞瘦削，皱纹沟壑，一点也不像通常所见的高僧们那样器宇轩昂，反倒如村里的寻常农夫一样朴素安详，心中不禁喟叹。或许无论异乡故乡，无论闹市僻壤，无论时光流逝，只依循信仰，遵守传统，才会真正成为信众心目中的朝圣之地吧。

萨迦法会

萨迦寺不在318国道上，7月间正好有暇，专程去拜谒了一次。朋友转托当地朋友接待——一位鹅蛋脸的姑娘，是典型的后藏人肤色，眉宇稍开微蹙，眼睛黑漆漆的会说话，一路在懊悔出门前没来得及洗脸。

中尼公路拐往萨迦一段正在修葺的路面，全是碎石土坑，不过越野车通过还算轻松。公路行走在缓丘之间，两旁田野和树木稀疏浅碧。这里的民居与拉萨附近有所区别，外墙不是白色而是近蓝灰色，似乎与萨迦常用的红白黑三色有关。萨迦派也因为用这些颜色被称为"花教"。从元朝开始，这条路直接通往位于内蒙古的上都，那时忽必烈还没有新建大都（即今天的北京）。沿途的驿站陆续修建，八思巴从这里去往朝廷中枢就任国师，并征调全藏民户13万人修建萨迦寺。在随后的岁月里，茶马古道逐渐依着驿路打通了从雅安到拉萨，再到印度、尼泊尔乃至南亚中亚的通道。这些驿站，清代改称为塘站，始终是中央和西藏的关键纽带，曾供应着福康安和海兰察大军的粮草，征伐廓尔喀得胜而归。

整个萨迦县约5万人，人均生产总值1万元左右。远离交通要道，使萨迦的经济在日喀则各县中较为落后。萨迦县城不大，萨迦寺就坐落在城里，县政府、

萨迦寺每年会举办秋冬两次法会，参加法会的多为附近村民，也有信徒不远千里赶来参加。这是藏历7月举办的最为盛大的金刚神舞法会（摄于日喀则市萨迦县萨迦寺）

公安局、镇政府等分散在寺庙周围。如果站在萨迦南寺高高的内城墙上，可以看到四角的箭楼高出地面10多米，寺庙外围是一圈稍低的羊马城墙，整个萨迦寺如同一座方城高墙、角楼四踞的城池，而县城的楼房高高低低地沿着南面的街道左右延伸。南寺西面新建了广场，八思巴担任国师的帝师之印塑像就在中央，文字很难认识，不知道是不是他本人创建的八思巴文。

这里就是藏传佛教主要流派之一的萨迦派祖寺。13世纪前后近百年时间，这里是整个西藏的行政中心，萨迦五祖中最出色的八思巴洛追坚赞统辖着全国佛教事务和西藏行政事务。隔着河北面的山上，还有已经废弃的萨迦北寺，零零散散地坐落在整个山坡,规模宏伟,即使只剩断壁残垣,也能遥想当年盛况。

我们从雕刻着精美浮雕的门廊进入,甬道两边是长长的转经筒。跨过门槛,进入内院,恢宏高大的大经堂让我们屏息。据说原来的经堂比现在还要大,现在内院院子以前都有屋顶,是经堂的一部分。虽然经堂规制与其他寺庙的措钦殿类似,但空间不知高阔好几倍。正殿中间有一排排的圆木柱,其中有很多都是合抱粗细。最著名的四大名柱,前排中间的"猛虎载"(相传该柱由一只猛虎负载而来)、"野牛牵"(相传该柱由一野牦牛用角顶载而来)、"忽必烈柱"(相传是忽必烈所赐)、"墨血柱"(相传是海神送来的流血之柱),其中的忽必烈柱通高6.6米,直径1.23米,石柱基的直径1.65米(数据来自百度)。柱身光滑近乎玉化,可想而知数百年来多少人曾经抚摸过它,向它倾诉过心底最深处的愿望。

除了这些圆柱,萨迦寺拥有数量庞大的佛造像,还有着众多的佛塔,供奉着很多先哲大德的骨灰。殿左右及菩萨像身后,都是一整面直抵殿顶的经书墙,据说共有84000多部佛教经典,号称"慧山经海",足见当年这是全藏佛教的中心。仰头望去,经书格一直看不到顶,最里面的书格里存放着旧时那种木板为封面封底、丝绸为纸、金汁为墨的珍贵孤本,还有书写在贝叶上的经书。西藏寺庙的经堂书墙有一个特殊的结构,墙下方留出一道走廊,就像海口、梧州那种街边骑楼一样,人可以从书墙下面走过。但走廊非常低矮,必须躬身挪步而行,不知是不是要提醒人们见行修的艰难。一个年轻的喇嘛吹响了萨迦寺的镇寺之宝白海螺,为我们祈福。

明朝初年的《山庵杂录》记载了一个与萨迦寺有关的故事。宋末恭帝赵㬎归降元朝,为避猜疑,他皈依佛门,被送往吐蕃萨迦寺,法号"合尊"。他之后宋朝还有两任小皇帝,被元军杀得一路南下。崖山海战败后,陆秀夫抱着最后一位皇帝跳海自尽,十万军民相随殉国。有人说崖山之后再无中国,但宋恭帝一直在萨迦修习藏传佛教,翻译经书,一路做到萨迦寺总主持。到五十三岁时他忽生感慨,写了一首诗:

寄语林和靖,梅开几度开?

黄金台下客，应是不归来。

结果被怀疑仍有家国之念，于是赐死。有传说元顺帝是他的儿子，为这段故事更添几分传奇色彩。他在雪域高原青灯古佛前避世偷生，想必心中思绪一定郁积如海，终于留下这首诗，成为历史上轻轻的一丝痕迹。

出得经堂，恰逢萨迦寺举办的金刚神舞法会。这是一场盛大的节日，周围的群众纷纷赶来，把整个萨迦寺挤得水泄不通。广场上方张着一块巨大的白色粗布，遮挡着阳光。僧人们在广场上围成一圈，穿着鲜艳的盛装长袍，戴着装饰得如孔雀开屏的羽毛圆帽，左手拿一面小鼓，右手拿着半弓形、形如马鞭的鼓槌，跟着法号的节奏敲击着。一边敲鼓，一边高高地抬腿，忽左忽右地转着圈子，有点像内地道士做法事时踏的禹步。圈子中央还有一两位站在原地跳舞，仿佛在指挥带动。广场一侧有几位僧人吹着铜钦，曲调低缓苍凉，充满仪式感。一架长长的法号一声接一声地低鸣着，吹奏它的僧人鼓着腮帮子，奋力运气。这是我在西藏唯一躬逢的法会。老百姓把参加法会当成过林卡节一样，到中午纷纷拿出羊肉、糌粑、酥油茶开始野餐，欢乐的气氛令人马上就想参与进去，混吃混喝。

宋恭帝到萨迦寺时，八思巴已经去世。70'年后，萨迦派丧失了对全藏的统治权，帕竹噶举派接过了权力的接力棒。金庸《倚天屠龙记》里描述过的那些横行跋扈的花教喇嘛慢慢从中原撤回，萨迦派也由此衰落，成为普通的地方势力，最早立派的北寺更逐渐沦为废墟。一国之陨，一地之衰，在历史长河中都是寻常。身历其间的人顺逆取舍，大都无从知悉。能遇法会，有心情记挂洗脸妆容，实在是盛世光景。

破阵子·萨迦寺素描
2018年8月29日

雪堆莲花宝塔，霞织金刚门墙。庭立五色经幡柱，像设三世如来相。坛城酥油香。

铺嵌绿松红宝，环列道论伏藏。浮绘幽黯朝喃诵，次第难明日煨桑。措钦小雕窗。

东嘎寺遗址（摄于阿里地区札达县）

桑耶梵城

从拉萨到桑耶寺可以走陆路，然后在扎囊等一班渡船，一苇杭之。这原是旧时交通不便时的走法，如今扎囊大桥横跨两岸，开车片刻直达，似乎反而丢失了那种一心向佛的坚毅和恒心了。

几次到桑耶寺都在春夏之交，山南的田野刚刚泛绿。桑耶寺隐在山峦之后、平原中间。它是西藏第一座寺庙，历史久远，建筑精美。它仿照印度阿旃延那布尼寺（Odantapuri）设计和建筑，正中是乌策大殿，四角有小殿象征四大部洲，殿前有黑白绿红四座样式各异的舍利塔，据说象征四大天王。它的形制严谨对仗，处处都是讲究和暗喻，仿佛一座巨大的坛城。据说寂护大师当初就是按照密宗曼陀罗的样式来打造的。

常去寺院，桑耶寺的独特就更加卓然。汉传佛教寺庙一般按照汉式建筑的营造法式，天王殿、弥勒殿、大雄宝殿、观音殿等几进院子，左右是钟楼、鼓楼、经堂、斋堂和偏殿，层层递进，带着中原文明的文化蕴意。藏传佛教此后的寺院吸收了西藏碉式建筑的特征，又逐步增加了僧侣起居的经堂和康村，一些大型寺庙如甘丹、扎什伦布寺更像是一座经院乃至建筑群落，在布局上更加恢宏铺陈，当然格局上也相对散漫自由。因此小而美的桑耶寺堪称西藏第一寺。

这样的建筑艺术精品自然是因缘际会。攀上乌策大殿最上层，可以环顾四方田野和佛塔。遥想当年，松赞干布雄姿英发，吐蕃国力正处于蓬勃繁荣的上升期，设计者可以天马行空自由规划。莲花生大师一路降魔破障，声名远慑，为修建寺庙提供了武力保证。寂护大师心思缜密，向道之心虔诚，追求心目中的理想典范。种种机缘，造就了桑耶寺独特完美的建筑华章。这种优美得到了传承，阿里托林寺借鉴了桑耶寺的设计，清朝承德普宁寺庙在设计时也特意向桑耶寺致敬。

参观这样一座信息量很大的寺庙是很有冲击力的，精神上始终处于赞叹膜拜的状态。所以先进科技容易被宗教排斥，就像中世纪的宗教裁判所；而艺术则很容易被宗教吸纳，就像那些令人叹为观止的壁画。穿梭在乌策大殿内墙夹层的转经道，在阴暗的光线中观摩左右甬壁那些千年的佛本生故事，虽然时间根本不允许细细辨识，知识储备也无法支撑鉴赏这些壁画，但仅仅从地到顶的尺度，便足以征服你。

桑耶寺是西藏职业僧侣的起点。西藏最早的一批本地僧人在这里出家，号称"七觉士"，从此西藏寺庙佛法僧三宝俱全。西藏男子出家渐渐成为传统。宁玛、萨迦等教派以家族式传承为特色，家族里一人在俗世做家主，一人出家担任寺主。如果单传，则身兼两职。对贫苦百姓而言，送儿子出家既是应寺庙的徭役，也是给孩子一条生存的路，同时也寄存了为家庭提供护佑的幻想。这些贫苦孩子进寺庙得给喇嘛们送礼，平时服侍喇嘛，如果真的能学有所成，也能为原生家庭提供帮助。西藏寺院同时也承担教育职能，所谓的藏学包括了大小五明，实际上囊括了佛经、工匠、艺术、医学、天文、音乐等很多学科，是孩子们学习知识的唯一途径。

桑耶寺见证过很多历史时刻。传说中的吐蕃僧诤就发生在这里，新近的研究表明这纯属以讹传讹，中原顿悟派的摩诃衍那并未被印度佛教的莲花戒击败。但它与佛本论争一样，成为藏传佛教发展的关键节点。印度佛教先后压过了本教和汉传佛教，中观论成为西藏佛教的主流，重视理论和辩论变成传统，开创了辩经的先河。

在广袤的平原谷地上，桑耶寺像一座天外飞来的梵城，为天地增添了理想化的色彩。

丛林恒沙

丛林是梵语 Vindhga Vana（贫婆那）的意译，是指僧侣安居修习的道场。我国佛教昌隆，汉传、藏传和南传佛教三派皆有。从唐代百丈山怀海禅师创建禅宗寺院以来，汉传佛教寺庙何止千万。藏传佛教寺院若从大昭寺、桑耶寺算起，创建时间也基本相近。旧社会西藏寺庙如恒河沙数，直到今天仍有近2000座，散布在120万平方公里的辽阔地域。就像汉传佛教有律宗、禅宗、天台、法严、唯识等宗派一样，藏传佛教派别很多，而且派内有派。大的派别包括宁玛、萨迦、噶举、噶当、格鲁五类，五派之外有希解、觉宇、觉囊、郭扎、夏鲁等小的派系。宁玛派有敏竹林、噶陀、多杰扎、白玉、佐钦、协庆六大传承体系，噶举派先分为香巴和达波两支，达波又分为噶玛噶举（黑帽派）、拔戎噶举、蔡巴噶举、帕竹噶举四个大支，帕竹噶举大系中还分出止贡巴、达垅巴、主巴、雅桑巴、绰浦巴、修赛巴、叶巴、玛仓巴8个小支，总称"四大八小"。这些派别是藏传佛教传承发展的硕果，每个派别大多有自己的主寺。屈指算来，仅仅是把各派主寺走一遍，就得多少寺庙了？南朝四百八十寺，多少楼台烟雨中。三年下来，有些印象深刻，略记一二。

偏远是很多寺庙的主要特征。无论是北传还是藏传佛教，寺庙往往都选在深山野岭，人迹罕至之处，建寺者以宏大愿心，历数十年修筑，有的穷其一生也未完成，甚至需要数代人方能毕功。筚路蓝缕，蜗居陋室，孜孜不以为苦。比如，山西的悬空寺、那曲的孜珠寺、日喀则的绒布寺，等等。日喀则仲巴县有一座扎东寺，就在去阿里的219国道路边，海拔4700多米，号称后藏四大寺之一。在寺前白塔停驻，身后是莽莽群山，面前是辽阔草原，颇有一种拨云见日豁然开朗的感觉，据说格萨尔王攻打达尔斯王时也在这里休息过。扎东寺和吉隆的帕巴寺都是赤尊公主所建，算来也1300多年历史了，赤尊公主出嫁之行，也是印度佛教的弘法之路。

直贡梯寺同样如此。直贡梯寺位于墨竹工卡县门巴乡山谷旁的一面山上。从拉萨开车需要四个小时，一半路程都坑坑洼洼，尘土漫天。车到山谷口，远远就能望见山腰到山顶的大小僧舍殿堂。山顶是全世界最有名的天葬台，由直贡噶举派大师杰觉巴·纪登贡布开辟，号称"直贡曲佳"（意为"永生永恒之地"）。据说藏族天葬就是由直贡噶举派创立。登至最高处向下眺望，山谷空阔、群山俯首，殿堂层层叠叠如莲瓣，令人心胸为之舒朗。直贡梯寺是直贡噶举派的主寺，在西藏史上曾地位辉煌，寺主被明成祖封为阐教王，是当时五大教王之一。噶举派的传承注重修行，不注重教义，无修学制度，因此寺院的险远既能展示对信仰的坚定恒久，也能磨砺修行者的道心。

像直贡梯寺一样的教派主寺还有很多。这些教派主寺往往历史悠久，底蕴深厚，是众多信徒心目中的圣地，也是重要的学经处所。楚布寺是噶玛噶举派的祖庭，也是大宝法王的驻锡地，藏传佛教转世制度就从这里首创。寺院离拉萨70公里，依山而建，面前是楚布河，对面小山峰青郁苍翠，公元12世纪第一世噶玛巴杜松虔巴去东藏康区（Kham）时，专门到中藏吐龙谷买下楚布寺的土地。楚布寺号称飞来寺，不愧是形胜之地。

也不能漏掉敏珠林寺。从山南市扎囊县沿着扎囊河拐入山谷，敏珠林寺就在群山环抱中。寺院不大，祖拉康佛殿全由片石砌筑而成，规整气派，是宁玛派六大寺庙之一。宁玛派是藏传佛教最古老的教派，主要修习密宗、讲究伏藏，对寺庙不如格鲁派那么上心。因此虽然在元朝颇得中央重视，却没有几座像样的寺庙，敏珠林已经算是其中规模较大的了。敏珠林最著名的是在"大小五明"方面的研究，《藏历年表》就由他们主持历算和编写修正，敏珠林的藏香、藏文书法、藏医藏药也很有名气。

壮丽也是吸引信众的魅力所在。若论到庙宇恢宏，日喀则江孜县的白居寺可称是实至名归。白居寺里萨迦派、夏鲁派、格鲁派共存，规模较大，佛殿、扎仓众多，高大庄重，外墙色彩都很漂亮。最为著名的当属白居塔，塔有九层，高达32米多，由近百间佛堂依次重叠建起，是我在西藏见过最精美、最壮丽、最雄伟的佛塔。从底层入口进去可以一直上到塔顶，楼梯和塔内通道十分狭窄，旁边就是大大小小的佛堂，据说有77间佛殿、108个门、十万余尊佛像和近千幅壁画，号称"十万佛塔"，光走马观化就得半天。规模本已宏大令人震撼，细节亦是精益求精、不厌其烦，着实给人巨大的心理冲击，不啻于当头棒喝。白居寺的坛城沙画很有名气，用不同颜色的沙子在地上描制巨大的坛城，花费几个月时间绘制完成后，很快就把坛城毁掉，沙子打扫干净倾入河水。据说这样能让人体悟到无常、虚幻，生无所住之心。

而最美丽的寺庙我认为当属林芝布久乡的喇嘛林寺。喇嘛林寺是宁玛派寺庙，在尼洋河下游。寺院位于山腰，周围林海环绕，远处清江绿洲，环境清幽雅致。寺庙建筑更为精美，进入山门后，两旁甬道有大片的花圃，开满了大朵的鲜花。拾阶而上的佛殿很像古时的楼结构，殿高三层，四方有门，总体呈塔形，四面墙体被刷成白、蓝、红、绿四种颜色，再配上飞檐画梁，山间薄雾，宛如童话世界。以前在河南见过白马寺鲜艳夺目的牡丹，可见真正见色见空的修行，原该是喜欢美、崇尚美的。

　　回想这些年参观过的寺院，有的寺庙禅木深深、晨钟暮鼓、宁静幽远，就像峨眉仙峰、台州国清一样。但随着城市化的发展，寺庙或向壁自闭，或格调自新，或加意自持，呈现出各自不同的景致和特征。贵阳黔明寺门口音乐喧天，老年人在广场上翩翩起舞，寺庙周围高楼簇拥，绕寺瞻礼难觅清静。南普陀、北少林无不熙熙攘攘，譬如市场。北京三里河胡同里的一些小寺，香火断绝、山门结网、墙院失葺。成都文殊、西湖灵隐、上海静安或中隐于市，或小隐于野，借助园亭茶院、山林雅静，为众生营造了一方藏身之地。殿堂精致小资，使人顿生礼拜赞叹之心。布达拉宫是网红一派，孤标傲世，独踞城市之巅。成都大慈寺化为都市精英，与国际名牌、潮流科技兼容并生。世界在进步，佛教丛林作为审美现象也更有趣味。

　　传统的寺院是修习佛性、传承教义、吸引信众的地方，随着时代发展，寺院也出现一些新状况。近年来闹得沸沸扬扬的冒牌仁波切、莆田系寺庙、上班式和尚，以及陷入色相金钱纠葛的丑闻，使寺院的名誉遭到很大损害。作为一种不事稼穑的职业，寺院和僧侣所接受的布施究竟是属于个人或集体收入，还是对佛陀财产的代管？寺院收入和所办产业，该不该纳税，该不该接受审计，对信众公示？放弃世俗责任的人群，能不能享受人间的基本医疗和养老保险？信徒的信仰和宗教习惯，该不该要求普通人遵循？新时代，寺院需要在社会治理体系中明确定位，宗教和法治需要清晰的衔接框架，这是维护社会稳定和公平正义的重要基础，也是佛教进化必须面对的问题。

隐于尼洋河畔林间的喇嘛林寺，是一座宁玛派寺庙（摄于林芝市巴宜区布久乡）

五、行穿溪树

XINGCHUAN XHSHU

林芝市米瑞乡公路上绕着比日神山朝拜的信徒

十月的羊卓雍措湖

羊湖煦影

　　羊湖虽属山南市，却是离拉萨最近的高山湖泊，而且海拔比纳木错更低，出差时常常会经过。与羊湖的相遇相熟，装点了整个三年的战斗时光。

　　刚进藏的第一个国庆假期，临时起意约着去羊湖。惯眠三丈日，不识五更霜。一群懒虫先拐到机场附近吃完羊肉泡馍，才放马上山。也因此外面避开了上午的浓雾，看到了羊湖一碧万顷、灿烂明净的样子。那一次留下的合影，后来被援友阎宓冲洗出来贴在宿舍墙上，也留在我们的心中。

　　秋去春来，下乡的次数日增，经过的湖泊也越来越多。但羊湖始终是心头的绝美去处，在羊湖的相守也永远是人生的最美回忆。一次从日喀则回拉萨，傍晚时分路过羊湖。夕阳斜照，扁舟晚归，秋山草黄，山水柔美得令人惆怅。顾不上可能夜归误餐，在湖边走走停停很久，直到天黑人倦。也曾陪着专程进藏看我的旧友一大早造访羊湖,误入晨雾,疾雨快雪接踵而至。狼狈地躲在车上,却看到阳光穿透乌云如光柱般打在湖面,湖水色泽如魔镜百般变幻。

有的人喜欢羊湖,是喜欢她美得张扬又谦逊,带着解脱而超然的欣喜;有的人喜欢羊湖,是喜欢她跳出世俗不染纤尘,放松心灵、轻快心情;还有的人喜欢她充满未知的缱绻气质,有的人享受和朋友同行的乐趣,有的人单纯地热爱她。我见青山多妩媚,料青山,见我应如是。对景色的感受和表达,其实是我们主观认知中的景色投影。面对羊湖,我们都照见自己。

没有试过独自去游览羊湖。尽管湖畔牧草离离,水湾温柔绵长。它太宽广、太静美,很容易牵动愁肠。你必须与人交谈,四下拍照,抱着藏獒、小羊合影,用各种俗气的行为,来冲淡那种感动。

羊湖总能把心绪从关注内心转向关注世界,关注美。何况有时候,你会在羊湖边遇见陌生的女孩儿,身着红衣,不期然回首。

水龙吟·十月六日访羊卓雍措

2016 年 10 月 10 日

华年容易消磨,一秋夜雨催更漏。层峦眺远,半厢萧瑟,半厢白首。添墨焚香,对花临帖,拢弦慢揉。这地阔天低,丹檐雪壁,争怨许、长身叩。

碎玉莫销永昼。袖残香、踏歌携友。江烟树染,翔禽数点,云腾幡袤。一碧清泓,百千姿色,越重山后。似空行度母,随缘身化,澄心无垢。

林周访鹤

林周离拉萨不远,开车 2 个小时不到。三月里的周末,几个朋友约着郊游,便去了林周。

没有什么目的地,沿着当年达札摄政王派兵攻打热振寺的进军方向,顺着拉萨河向西,再折沿彭波曲蜿蜒向北。河曲在宽阔的河谷地带分散开,袒露着灰黄的尚未苏醒的荒涂。两千多年前藏族三大部落联盟之一的女国(即苏毗国)便兴盛于此。路旁的树林渐渐稀疏,露出大片湿地。鸟儿多起来了,彭波曲是黑颈鹤的栖息地。

有一些生物，尽管气质秉性高洁，却愿意身受世间最深的苦，黑颈鹤便是其一。它是唯一生长在高原的鹤。越冬时，它们从西藏西北、羌塘草原等地方来到这里，还顺带着召唤了灰鹤和斑头雁、野鸭等同行。对我们来说仍然恶劣的拉萨春天，它们却甘之如饴。

于是下车，观鸟。中午了，便寻个小馆吃饭。

回城的时候，下起了小雪。厅里的援友买好了蔬菜，叫着我吃火锅。这样的周末，真好。

小重山·林周访鹤

2017年3月8日

半壁春晖知昼长。渐文成柳绿，带晨霜。一城焰火藏年忙。金盏尽，羌氆满胡墙。

沙渚染烟黄。惊林出北鹤，绕西塘。黛山幡色换新妆。遮归路，孤鹤自徜徉。

德木溪川

雪域高原并非都是冰峰绝域。三月林芝的桃花，五月山南的杜鹃，八月那曲的草原，十月波密的秋林，与雪山相映相照，都是绝美风景。林芝桃树自来有名，野桃树遍地都是，不乏数百上千年的古树，根虬枝峋、花语绚烂。

清末"湘西王"陈渠珍早年在西藏任过管带，辛亥革命爆发后历经艰险从西藏逃离，一位工布（林芝的古称）藏族少女一路陪伴他逃亡，却在抵达兰州后不幸染病香陨。陈渠珍悲痛难抑，将这段经历写成了一本《艽野尘梦》。书中美丽的少女西原就是在一片桃花林中骑马出现，回身射鹄，令作者一见倾心的。这段故事尘封于历史，80年代方被翻印，近年遂成为林芝一个旅游宣传的热点，让每年三月底的桃花节也染上了荡气回肠的爱情色彩。

2019年3月中，我有幸去了林芝巴宜区著名的桃花村。西藏桃花比内地来得要晚，所谓人间四月芳菲尽，山寺桃花始盛开。穿陌越垄，行走在一株株桃花树下，抬头看远处的青山黛雪，山脚的流水人家，近处的田野绿意，点点的缤纷花树。荒芜绝域上能见到如此生机盎然，无怪人们都把林芝称为雪域江南。

出了巴宜区，沿着雅鲁藏布江往东，迤逦向机场方向前行，那些河谷深处，传说还有更多桃花秘境。汇合了尼洋河之后的雅鲁藏布江在山间铺陈开宽广的河谷，河水丝丝缕缕把河滩分隔成一片片沙洲，沙洲上生长着茂盛的灌木和细小叶子、纤柔枝干的树木。从山腰望去，仿佛大幅画卷，难描难绘。

这条路可以一直抵近雅鲁藏布大峡谷，然后到达波密。据说路边不远有一个山谷，漫山遍野的野桃就像一片粉红海洋，簇拥着一座古老的寺庙。那里正对着南迦巴瓦雪山，雅鲁藏布江温柔得像一匹绸缎。那里的姑娘都很美丽，脸庞像桃花一样娇艳，眼睛像星辰一样明亮……

我们一路打听它的踪迹，期待着"山深失小寺，湖尽得孤亭"的邂逅，却始终找不到。道旁一位大叔披着绛红色的僧袍，背着行囊前行。这条路在比日神山的东面，看来他是一名本教徒。他很和善，给我们指明了到达古寺的道路。国道从米瑞乡往里拐进两三公里，沿着山丘背后的公路盘旋向上，路的尽头，便是传说中的德木寺。

德木寺据说是公元13世纪第一世帕巴拉活佛修建的，后来从鲁朗的德木拉山口迁到这里。寺庙很小，只有一个庭院。看那门框的破旧，我已经相信了它的历史。刚进院，就看见对面木头走廊里头，有圆乎乎的一团从木梯上滚下来。圆球停住了，长起身子，却是一个小男孩儿，估计才一岁多，正是蹒跚学步的时候。灰头土脸，看不清面目，也分不出衣服颜色。爬起来不哭，愣愣地看着我。不知道是不是驻寺干部的孩子。

空荡荡的院子里，一根经幡柱高高立着。我和小男孩相对无言。四周的山谷丘陵起伏，果然全是野桃树，桃花却还没绽放。远处的南迦巴瓦在云雾中若隐若现，看不见的雅鲁藏布在它脚下流淌。四处找找，也不见个人。花开花落非僧事，自有清风对碧流[23]。这广袤桃林，荆山野寺，不尽时光，仿佛定格。

在桃花将盛开的时候。

23（唐）牛仙客，《碧流寺》。

林芝桃林（摄于林芝市巴宜区桃花村）

水龙吟·春分访林芝德木寺桃花未遇

2019 年 3 月 26 日

　　山形东去寻芳，清影留照炊烟处。破江雏鹤，惊痕南雁，深村桃坞。危寺倚山，寂佛幽殿，孤僧幡柱。抚朱门色黯，浅川遥碧，花空许、人枉顾。

　　谁教佳期轻误。怅枝前、芳芽初吐。南迦云断，更不遮挽，归帆别路。寄问溪山，冯唐易老，远人曾伫。念晴风暖日，霜峰绿鬟，一湾烟树。

拉姆拉错

　　拉姆拉错是西藏唯一的神湖。据说有凤缘的人能从湖面看到关于未来的吉羽片光，往往是一些支离破碎的影像。每当寻访达赖、班禅等大活佛转世灵童时，都要来这里"观湖"，查看上天赐下的征兆。因此西藏虽然有几千个湖泊，但论到地位尊崇，拉姆拉错向来不遑多让。

　　从拉萨到拉姆拉错要迤逦向东穿过大半个山南，抵达加查县是一天的路程。这条路也恰好是领略吐蕃藏族发源地——雅隆文化的最佳路线。西藏历史上第一座宫殿雍布拉康、第一座寺庙桑耶寺都在山南，吐蕃王国历经三十二代赞普的励精图治，从这里走向拉萨，统一全藏。

　　加查县城距离拉姆拉错还有 65 公里的山路。我们提前抵达了山南，准备第二天一大早出发。山南历史悠久，公元前几世纪便有人烟。地处冲积平原，是西藏的米粮仓，自有一种雍容不迫的气度。加之由湖南、湖北、安徽对口支援，吸收了这些省份务实、精明、中庸等气质，山南的味道与内地相差无几。清晨的街市开始忙碌，薄雾轻云笼罩在周围山头。昌珠寺门口的广场上，还残留着此前法会留下的黄色画粉，映得寺院主殿的红色更加厚重。

　　离开市区，走上通往林芝的 302 县道。这条道路一直沿着雅鲁藏布江顺流而下，路右侧便是几十米深的峡谷河道。越前行，峡谷越窄，江水越发汹涌湍急。2016 年从这条路走过时，拉林铁路工地正热火朝天。几十个工作面同时开工，公路坑坑洼洼，一路烟尘如龙。拉林铁路基本沿着雅鲁藏布江河谷走向，施工条件十分恶劣，工程难度也相当大，据说70%以上的路段都是桥梁隧道，造价很高。我们好几次被拦下，等待前方放炮炸完石头后才能够通行。高高的钢索在两岸山峰的最顶端拉直绷紧，材料被吊在钢索上慢慢跨河运载。等待放炸药时，我和一个小施工员闲聊，他是预算专业本科毕业，在这个工地上待两年了，春节回家休息才几天就又泡在工地上。虽然才20多岁，已经晒得又黑又瘦，两只手粗粝得如同鸡爪。尽管两岸山青树密，但毕竟是海拔3600米以上，他却十分适应，前后奔走如飞。拉林铁路是川藏铁路的前置性工程，随着川藏铁路工程的正式启动，未来西藏的交通将更为畅达。

如今再次通过，拉林铁路工程已近尾声，公路恢复更胜从前，沥青路面平整，路旁还增加了好几处观景台和小公园。相传远古时雅鲁藏布江深处有一只修行的猴子，罗刹女看中了它要与其婚配。猴子是智者当然不答应，罗刹女便说：你若不答应，我便嫁与魔鬼，生下万千恶魔为祸人间。这种威胁如今看来真是十分狗血，于是猴子被逼不过，只好与罗刹女繁衍出一堆后代，便是吐蕃藏族。沿着雅鲁藏布江，我们惊喜地在路边遇见了好几群猴子，看见人便迎上来等着给吃的，还有数只小猴，分外可爱。江对岸的山峰顶下偶尔有房屋痕迹，据说是拉加里小王朝时代的遗迹。山形险要，不知当年是如何建成的。

吐蕃王国在松赞干布迁往拉萨之前一直以山南泽当为王城，雍布拉康就建在市区不远的一处山脊之韧，虽然宫室只有寥寥几间，但地势险要，出于高峻，从山底仰视真如飞鸟展翼凝停于斯。而藏王墓群则是另外一种风格，巨大的圆丘高高隆起，不知情的人会以为这是天然的小山丘。墓顶有小小一进院子，原是祭奠守墓用的，后来改成了寺庙。站在寺门口环顾，巨大的山谷里几十座高高低低的墓丘星罗棋布，油然而生苍凉之感。远方山隘旁有一处残垣，据说是早期吐蕃王朝青瓦达孜宫遗址。由是可见，吐蕃在古时已经善于选择建筑的位置，借用地势来营造不同的气势和观感。

与自然的融合不仅体现在建筑上，也体现在宗教仪轨中。原始苯教笃信万物有灵，风雨雷电山林树木皆有神灵。滋养生灵护佑人类的是神，伤害甚至毁灭人类的也可以封神。原始的先人用口溢鲜血、足踏骷髅、手抓毒蛇等各种凶恶造像，或者面目狰狞、三面六臂等忿怒相，高度概括和代表了各种自然和不可知的伤害，幻想通过供奉讨好这些神祇，消除对自己的伤害。这种近于巫的信仰，也被藏传佛教继承下来。拉姆拉错相传是吉祥天母的化身，而吉祥天母的造像往往都是蓝面红发的凶恶相。

从加查县城开始进山，沿着峡谷溯流而上。河谷并不险窄，半路还有几处相对平阔的地方。这里是崔久乡下面的几个村子，每年从4月开始，老百姓就搭起帐篷进山采挖虫草。我们进山时一直下雪，路旁的老百姓缩在自家帐篷里喝酒打牌，颇为欢乐。据说小孩子眼明心亮，最适合挖虫草，所以那曲到5月学校还会放虫草假。山路曲转，灌木丛生，路况还不错。到海拔4300多米时，我们抵达了琼果杰寺。

琼果杰寺相传为二世达赖所建，他在这里隐居过一段时间。这里主供"班丹拉姆"，汉语就是吉祥天母。历史上琼果杰寺经过二世、三世达赖的修建，殿楼高敞，占地甚广。现在主殿正在翻修，转经道的矮垛石墙还较整齐，依稀能见当年的盛况。吉祥天母是二世达赖的主护神，慢慢便成为达赖的主护神，拉萨大昭寺里也有供奉。

从琼果杰寺再往上，很快便越过雪线。季节在这里只剩下冬天，积雪厚厚地覆盖了群山，只露出少许嶙峋巨石和来时的公路，如同天母轻挥巨椽、游运焦墨，寥寥几笔勾勒出这寥廓天地枯山瘦水。雪白得耀眼，天阴得密实，天空与山巅几不可分。看得久了，双眼胀痛。

前行十几公里，终于来到拉姆拉错湖畔。若是平日，一般会到山腰的停车场，然后徒步几百米到山顶，俯瞰湖面。因为冰雪未化，拉姆拉错还未开湖，我们直接到了湖侧面的小河谷，翻过一座小山就可以直抵湖边。雪厚几没膝，深一脚浅一脚沿着山径翻越小丘，处在海拔5300多米是一项艰巨的体力活儿。封湖的拉姆拉错雪山环抱，湖冰冷澈。湖雪与山脚的积雪连成一片，只在近岸岩边留有一线水面。两只黑耳鸢落在湖上。看见我们来了，

拉姆拉错湖（摄于山南市加查县）

歪着头打量。

因为离山南和林芝市区都比较远，周围景点也不密集，若非兴趣浓厚，到这里旅行的人很少。来这里的都希望能从湖面看到自己的前世今生，得到吉祥天母的冥冥预示，但大部分人都失望而归。坐在海拔5000多米的山脊上，吹着冰风，凝视着山脚小湖，不言不动，有时需要几天几夜。得到启示的，能分辨是幻觉，是自己内心的投影，还是真的神谕吗？

沿着小河而下，可以通往桑日县。桑日县在拉萨到林芝的北线上，道路平坦，历史上寻访转世的观湖团一般从这条路来拉姆拉错。道路漫长，寻访灵童的环节更是烦琐，往往需要数年甚至十几年时间。西藏并不急迫，而复杂的仪轨更能彰显尊胜。桑日还有一个湖名叫思金拉错，是财神湖的意思。湖面很漂亮，湖畔常年搭着巨大的经幡塔。有一首民歌《思金拉错》，曲调柔美温润，非常适宜开车焦躁时稳定心情。民谣说日喀则人酒量大，山南人精明，而昌都人天生会经商，我猜山南人对财神湖的喜爱也很普遍吧。

山南的寺庙数量不如昌都、拉萨，但桑耶寺、敏珠林寺、昌珠寺等都历史久远、赫赫有名。这里是佛教最早传入之地，拉姆拉错又成为佛教盛典的重要环节，为山南增添了更多的宗教色彩。

子不语怪力乱神。对于无神论者，虽然远涉千里没能观湖，但一路胜景畅意，也算不虚此行。

曲桑在隅

帕邦喀寺有两株数百年的古桃树，开花时如一瀑繁星灼灼其华，是该寺的著名景点。三月底出差前去拜访，还没盛开。想着出差回来花期就该结束了，颇为郁郁。

下山半道看见一个路标，通往另一个山坳里的曲桑寺。带着意犹不甘的心情，临时决定去看看。并不远，拐了几个弯就看见路尽头的大殿了。极清静，人迹罕至的样子，几十只大大小小的狗如迎贵客，簇拥着我的车到达寺门口。

下车正待礼佛，目光被偏殿门口的两株老树吸引住了。多么喧腾缤纷的花丛！桃花密得遮天蔽日，粉红色的花瓣飘飘洒洒落在树下，使得树后的白墙红顶都黯然失色。那一瞬间，狂喜让我的心跳直达海拔 5000 米。

曲桑寺是尼姑庙，香火不多。藏传佛教里女性僧侣的地位比较低，只有羊湖西南信奉香巴噶举的桑顶寺，拥有全西藏唯一的女活佛。其他的尼寺地位都不太高，也很少有格西大德。不过这些女尼念头通达，并不以女身自艾，就像这桃树，虽然来访的人很少，照样开得热烈。转完佛殿经堂，就在桃树下赏花逗狗，不觉暮之将至。

静女其姝，俟我于城隅。这样的东隅，大得意趣。

七绝·春雪遥想林芝桃花
2019 年 3 月 21 日

三秋为待花音讯，深寺野桃萧瑟僧。
雪裳不知谁遗落，一夕春雨染低陵。

林芝道左

旅行可以饱览风景、增长见闻，漫长的旅途则给了人更多的时间回忆和反思。拉萨近旁的扎耶巴寺有 108 个洞穴，被称为"建在山洞里的寺庙"，很多洞穴只容一个人蜷腰坐着。隐修者们经年累月在狭小的洞穴里苦修，身无长物、没有干扰、单调枯燥，以此摒绝幻相，照见自性。汽车车厢也给人营造了一个类似的空间：颠簸无法上网，聊天只有几人，景色看久了也审美疲劳。

人是很奇怪的动物，总是幻想着在别处。工作的时候老盼着下班，在家的时候老盼着旅行，而旅行的时候，却越来越想念家的味道。阿兰·德波顿在《旅行的艺术》里说，人出门一英里就开始想家。来到西藏很长时间后，我的短期记忆断崖式下降，而过去的一些人、一些事，当时可能轻轻过去，或者选择性遗忘的片段，却开始在我脑海里浮现。试着站在旁观者或者对方的角度重新观察，发现很多时候我忽视别人的需要，未曾设身处地为他人着想，惯于计较和冷漠，不够善良、不够包容、不够温和……或许潜意识也知道自己不够好，这些回忆往往会藏在最深处，只在夜深人静或者旅途独处时，才会变换场景浮现。梦里常常回到林芝。记忆早已模糊，只有一些片段印象深刻。初春季节、缺氧时分，头痛欲裂却仍然坚持着前行。身体的不适随着海拔的起伏而变化，比高度计还精确。路过工布江达县停下来小憩，喘息着看着河陵对岸阿沛家族庄园的石头房子，那是西藏最显赫的贵族府邸之一。在空无一人的巴松措感受天地静谧的大美，不敢高声交谈，怕惊扰了山精树怪。尼洋河边的巨石挂满了经幡与哈达，百姓们向它拜求姻缘。回到拉萨的邮政宾馆，在离布达拉宫最近的地方辗转反侧，恋恋不舍。这些片段经由身体而记忆。尽管后来体会过那曲、阿里更高、更艰苦的海拔，但每去林芝，便会自然想起那些疼痛和慰藉。

留住一段时光的最好方式是记忆，这是特别主观而私密的。有人说：人的死亡不是他的灵魂离开肉体的时候，而是最后一个记得他的人死亡的时候。被世间所遗忘，是最后的死亡。存在于记忆里的经历，不落文字、不假他人，多么不可靠，多么容易忘却，也因脆弱显得弥足珍贵。那个人走了，那段经历就消失了，那段时间中的你也就永远缺失了。刘慈欣在《三体》里设计了一个情节：为了刺探情报，地球必须派一位间谍去三体星，而飞船荷载可怜到只有几千克，于是最终只发射了云天明的大脑组织。这种令人叫绝的设计充满了工科式的浪漫，也凸显出科幻作家对人类记忆的认知——地球上最可靠、最坚不可摧的堡垒。因此，无论是满意、自责、愧疚还是甜蜜，记忆都是对别人最好的补偿，也是对我们自身最好的奖励，或者惩罚。

山南洛扎县有一座桑喀古托寺，建成已近千年。这座寺院由西藏佛学大师玛尔巴出资，其弟子，也就是著名的米拉日巴尊者亲自修建。米拉日巴大师是藏传佛教史上非常著名的密宗修行者，他擅长通过道歌传法，至今传有《米拉日巴十万道歌集》。他的道歌善用比喻，易于理解，适于吟唱，据说他本人的歌喉就十分优美清亮。相传他年幼丧父，财富被亲戚霸占，家人被奴役。长大后他学成法术回家报仇，杀死了几十个仇家。后来他对自己的恶行起了忏悔之心，38岁拜在玛尔巴门下学习佛法。玛尔巴接纳了他，但不传授任何教法，只要求他修建碉堡，稍有懈怠便拳脚相加。米拉日巴知道自己罪恶深重，经年累月干着苦役毫无怨言。玛尔巴这才认可他通过了考验，将那若巴的密宗教法传授给他，尤其是瑜伽派的拙火定教法。米拉日巴于是隐居到吉隆、聂拉木附近的深山洞穴坐静，潜心苦修9年，终于成就修行。

这是一个关于忏悔和救赎的故事。像孔子所说的那样"以直报怨"以后，米拉日巴选择了忏悔，并最终获得了救赎，成就了自己。在西藏很多传说中，米拉日巴是和莲花生大师一样快意恩仇的人，降妖除魔从不手软。如果当初他没有杀死仇家，以他的性格应该很难忘却和放下，藏传佛教历史上可能就失去了一位大师。我们种下了因，理应接受那结出的果。但我们为何要接受所有恶果，仅仅是因为我们有原罪吗？记忆即烦恼，破执不净，就不得解脱。

雪域有苦绝的环境，常令人经历生死，也因此聚集了从生死中勘悟的人们。这段日子，我认识了很多善良热情的人，随处感受到淳朴和欢乐。国路旁村口靠着墙根晒太阳的老婆婆，会用目光和笑容给予我关怀，即使我比她更强壮、更富裕、更年轻。很多初识的援友都热情到令人感动，或许也受到西藏的感染。索甲仁波切在《西藏生死书》里把"此生、临终、死亡、再生"的过程都视作"中阴"阶段，在每个中阴阶段，都有相应的修法和解脱法门，都可能获得明悟。所以生与死是同一个过程的延续，活着的时候就应该好好地修行，以便更好地迎接死亡那一刻的到来[24]。对死亡的认识、对人的终极价值的思考，是任何宗教都要解决的问题。在西藏，人们更容易考虑这些事，并从中获得解脱和豁达。

北京的老孙千里驱车入藏，恰好交会于林芝。道左相逢无纸笔，于是握手合影，留下匆匆纪念。清晨的尼洋河畔，白云出岫，清雾笼江，真有淡烟和露湿秋光之感。

水龙吟·赴林芝途中览秋有感
2016年10月11日

塞边斜月几回？登临处、渐秋鸿少。流云造像，朔风裁剪，日影斜照。山作氆氇，树犹繁火，铺陈画稿。适潺潺白河，叠叠秋色，此间景、宜昏晓。

化外不移礼韶，幸札年、为我起调。别弹华赋，天高地僻，声曼辞寥。相见时欢，相思时长，夜阑霜悄。却年年过此，闻歌切切，面西思祷。

---

[24] 赵志浩，《西藏生死书》对"中阴"的阐释，载《南昌师范学院学报》2015年第2期。

行穿溪树

到西藏工作已经 1 年零 9 个月了，回忆起来每一天都历历在目，时光却过得飞快。我走过了 5 个地市 20 个县，风餐露宿、行程万里，亲眼目睹了农村的贫困、基层的艰辛、雪域的苍茫，也深切感受到老百姓生活的改善、心气的高扬。上班忙碌、下班孤寂，我慢慢融入了拉萨的生活。周末的早晨喝一壶甜茶、吃碗藏面，到药王山菜市场买菜做饭，傍晚到八廓街绕大昭寺散步，夜里去天海夜市吃夜宵，没事儿逛西藏图书馆借本书。认识了当地的藏族兄弟，学会了几句常用藏语，逛过了好多有名的寺庙，翻看了几本西藏和藏传佛教的书籍。

但细想，我对西藏的认识还处于雾里看花、浮光掠影的层面。藏传佛教长长短短的历史，大大小小的教派，林林总总的教义，令人眼花缭乱、莫衷一是。西藏的社会生活与宗教仪轨、民族习惯水乳交融，历史上政教合一的西藏政治传统很难辨析分明。比如，藏族人见到尊敬的人时往往行伸舌礼、摊手礼，这是旧社会农奴见到贵族时的礼节。可是千年以降，也慢慢成为对人的尊重之举。单纯的知识，在复杂的社会中存在太多变数。了解常识，并不代表了解人心。

心境和刚入藏时相比已有很大变化。工作中时有新发现、新问题，不同视角便有不同立场。一门心思满腔热情，逐渐回归到冷静、稳健、循序渐进。时间过半很多工作还正吃劲，往事纠葛也时不时彰显存在感，修身养性恰如密林行军，西藏的感觉不再那么纯粹。一些援友经过一段时间，往往会感慨这里很复杂，虽然它初看起来广漠荒

卓木朗日的多庆错湖(摄于日喀则市亚东县)

凉、人畜无害。

　　这也正常。一沙一世界，一花一菩提，任何地区都是一个复杂的系统。全西藏326万人，拉萨市70万人，不过是内地一个地市人口，所以人情社会、圈子社会在所难免，关系盘根错节、牵一发而动全身。没有社会矛盾的群体是一潭死水，有了冲突才会有进步。我们能了解西藏"香格里拉"的声名之下，那些与内地一般无异的一地鸡毛，恰是因为我们在这里生活过一段时间，开始深入西藏。

　　溪水清涟树老苍，越溪穿林总不会那么爽利。面对纠结，其实援藏干部还是超脱得多，这也是我们的优势之一。西藏需要援藏干部，需要更多的专业人才。反过来想，我们又何尝不需要西藏，需要那种被需要的感觉呢。在北京我们只是瀚海一沙，到西藏被尊敬被奉为上宾，西藏为我们提供舞台，也在不断适应我们，在接纳我们专业能力的同时，接纳我们所有的个性。要相看两不厌，就要包容西藏的所有好与不好，就要花"工夫"，做不一定有结果的扎实努力。

　　行穿溪树，终会见到春阳。或许再过上一年，我会更加习惯西藏的节律和性格，成为彻底的西藏人吧。

食之豪健

　　很多人关心一个问题：在西藏那么久，吃藏餐适应吗？其实西藏除藏族尤其是牧民每天吃藏餐外，城市里大部分人吃的跟内地差不多。藏族同事的每天日常是早起熬酥油茶，就着糌粑作为早餐。白天上班在单位食堂吃，一般以汉餐为主。没事儿喝点甜茶，外出吃饭也是藏汉餐都有。

　　以我不多的吃藏餐的经历来看，藏餐总体来说不如汉餐八大菜系那么种类丰富，食材处理相对原始质朴。比如糌粑，自己可以就着酥油茶捏，到餐馆最多服务员帮你捏好。有一次请进藏旅游的老师同学吃饭，九个人，盘子里的糌粑团却只有八块。我请服务员帮我加一块，她麻溜儿把糌粑重新捏成一大团，再分成九块，让我们捧腹不已。还有生牛肉酱，其实就是生牛肉绞碎了拌上盐和辣酱，比起云南、广西、广东一些菜来说，已经算比较有下限的了。所以虽然不偏爱藏餐,但我完全可以靠藏餐填饱肚子。酥油茶越喝越滑口,甜茶就是英式奶茶,对于打小就喝黄连水消暑的我来说,简直是一种享受。我想爱喝豆汁的同志也完全能够适应。

高原环境恶劣,消耗元气。海拔高了影响胃口,有句俗话"睡没睡着不知道、吃没吃饱不知道、穿没穿暖不知道",就是形容这种状态。因此,能在高原吃饱,既是一种能力,也是一种毅力。

在家千日好,可以变着花样改善伙食。出门事事难,不能挑剔首先要吃饱。前些年川藏线攻略很重要的一部分就是哪里可以吃饭。求助道班,介绍小店,或者到农家搭伙,都是艰苦的选项。一不小心错过宿头,前不着村后不着店,更是求告不应。这几年交通条件大幅改善,老百姓尝到了交通便利的甜头,越来越多地迁到国道附近居住。沿路旅游经济日益发达,驴友们随便走到哪里都不用担心找不到吃住的地方了。

后藏地广人稀,出差难免风餐露宿。川菜馆最为普遍,每个乡镇都有,而且动作麻利,味道可口,最宜打尖。交通方便的地方,肉、菜都比较新鲜,人均 50 元左右就能吃得很好。日喀则萨嘎县经常停电,肉没办法保存,点些腊肉、罐头、鸡蛋也能凑合。冈仁波齐山脚下的普兰县塔尔钦乡是朝拜和转山的起点,夏季香客游客都多,物价较高,难得还有鲜豆腐可以烧汤。日喀则定结县 2019 年一直停水,很多地方吃饭的时候根本不要去想象后厨的景象。有的地方满城修路,普兰县城所有道路全挖开了,吃个饭晴天一身土,雨天满腿泥,还好味道不错。帕羊镇海拔 4700 米,两次吃饭都食而不知其味。那曲地区海拔也高,火锅店的服务员都沉默寡言。而波密海拔较低,迫龙沟大桥附近的小饭馆自带蔬菜自留地,客官直接在厨房指菜搭配,参与感十足,颇为快活。

有次从普兰赶路回日喀则,天刚亮就出发,一口气开到玛旁雍措附近的霍尔乡才停下来吃早饭。两排房子夹着国道,背后还有一条小街。阿里的上班时间是 10 点,这时候才过 9 点,太阳刚刚升起,大部分店铺还没开门。车刚拐进小街,只听得扑棱棱一阵喧腾,无数停在道路中间的白色鸥鸟被惊起,铺天盖地地飞过我们头顶,盘旋向远。晨光,空街,鸟群,感觉就像来到动作大片的决斗现场。最早开门的一家夫妇俩四十多岁,有些苍老,说包子还没蒸,只有面条。下了热腾腾四碗面，我还额外要了大碗粥和两个鸡蛋，四个行脚客吃得酣畅淋漓。

行路遥遥，下午四五点才吃午饭是常事。从孔唐拉姆山去聂拉木的那次，贪看佩枯错和希夏邦马的景色，又被一群黑颈鹤纠缠住镜头，直到下午两点还在路上。后座的两个小伙子实在扛不住了，车上的干粮也吃完了，怎么办？好不容易路边有个小村子，五六户人家，惊喜之下冲进唯一的甜茶馆，把老爷子家传的方便面凑了四碗泡上。等候面好的那几分钟，完全不啻于在米其林餐厅等待餐车推上的心情。若是遇到特色小店，更有意外欢喜。曲水县有个桃花沟就在318国道旁，有家凉粉做得特别好。赶路中间停一会儿，吃碗凉粉就块馍馍，再喝一壶甜茶，多么惬意！

食之豪健西域无[25]。入乡随俗后，我的胃口一直不错。饱食生肉，饥咽糌粑，手抓掌捏，有啥吃啥，饱餐一顿之后肚满肠肥，睥睨天下扬扬自得，很有江湖游侠的感觉。

天路艰难

蜀道之难难于上青天，使人听此凋朱颜。一千多年前的李白若是从成都西行去西藏，估计会有藏路之难更胜蜀道之叹。清代周霭联在《西藏纪事》曾详细描述过从四川打箭炉起一路艰辛跋涉的苦楚。迟至1950年解放西藏18路军边修路边进军，完成了1年修通川藏公路的伟绩之前，西藏与内地完全靠行商驿路。有一部纪录片拍摄了一个村子的男人们组成马队从内地采购盐茶丝绸等运回西藏，沿着金沙江艰难行走的情景。印象特别深刻的一幕，就是在一拃宽的沿江小路上，一头牦牛后蹄踩的石头突然松脱坠入波涛滚滚的金沙江，连带着牦牛也随之落江，在水中几个沉浮便裹挟着不见踪影。整个马队被断路截为两段，一边是峻崖绝壁，一边是悬崖深渊，头顶落石不断，那种在大自然威压之下卑微而穷途末路的感觉，令人深感悲凉而绝望。

18路军当年修路同样付出了巨大代价。在拉萨市区金珠路和民族路交汇口，有一座川藏青藏公路纪念碑，是1984年胡耀邦题词的。碑文上记载，川藏公

---

25 (唐) 杜甫，《沙苑行》。

路每一公里要牺牲8名筑路者。直到今天，两路精神（川藏公路、青藏公路）仍然是老西藏精神的核心，就是"特别能吃苦、特别能战斗、特别能忍耐、特别能奉献、特别能团结"。

近年来尤其是近十年，国家在基础设施建设上投入巨资，对西藏等高原地区更加倾斜支持，进出西藏已经较为方便，国道、省道、县道、乡道四级道路四通八达，村村通公路基本完成。拉（萨）林（芝）高速公路全线贯通，青藏铁路修到了拉萨，还可以转火车到日喀则。拉萨（山南）、日喀则、昌都、林芝、阿里都有机场可以飞往内地，青藏、川藏、滇藏、新藏四条国道道路条件也比往年更好，尤其川藏线沿途食宿补给已经很普及，基本不用担心错过宿头了。这些日新月异的变化，充分体现了中央对西藏交通的重视。

但高原毕竟是高原，进出西藏的风险和不可预知因素较多，每一次都必须打起精神，严肃对待。2016年10月，第八批援藏的重庆市干部杨建伟出差从成都赶回昌都，晚上8点多不幸坠入金沙江，与司机双双罹难。2017年9月，连续三届援藏的复旦大学钟杨教授在出差途中遭遇车祸不幸身故，后被中央宣传部追授为"时代楷模"，被评为"全国优秀共产党员""感动中国2018年度人物""最美奋斗者"。据统计，每年都有援藏干部牺牲，其中半数是交通事故。

飞机因为高效，是出差的首选。国航从北京直飞拉萨的航班大约是4个多小时，一般是早晨、中午、下午各有一班。除此之外，川航、藏航也是开通西藏航班比较多的航空公司。这三家中，国航的安全性标准比较高，经常因为降落气象条件不符合返航；藏航是胆子比较大的，有点像业界所谓的俄罗斯航空，国航降不了的藏航往往能降落；川航是服务比较好的，餐食可口，有时还能遇到老干妈和烤红薯，空姐也很漂亮。因为高原的气象条件和飞行环境原因，飞往高原的飞机有一定要求，需要增加高原增压增氧的设备，而受客流量和飞行条件所限，也鲜见大型客机。

高原的机场起降条件都不怎么好。世界上起降难度最大的机场是西藏南边的不丹帕罗机场，坐落在地势险要且山峰环抱的狭长河谷地带，海拔2200米，起飞时一升空便需马上转向，不然就会撞上山峰，据说全球只有17名飞行员有

五色山（摄于阿里地区龙嘎拉山，219国道旁）

资格在不丹执行降落任务。西藏机场周边环境也很类似。比如林芝，号称我国起落难度最大的机场，因为修建在山间河谷之中，5000多米的雪峰四面围绕，常年云遮雾罩，飞机起降时仿佛直升机一样顺着河谷蜿蜒前行，一不小心机翼就可能碰到山峰。起降时间窗口期较短，航班一般都集中在清晨。拉萨干脆把机场修到了山南市的贡嘎县，然而一到冬天下午，沿河谷风沙滚滚，极易形成横切风，飞机降落风险仍是极大。

我曾两次从重庆乘机返回拉萨，已经飞到机场上空，盘旋几圈后又备降成都。有一次按纪律规定返岗，结果备降在成都。同期从北京回拉萨的援友们有乘坐直飞航班的，备降在西宁；乘坐成都中转的，后续航班取消。大家在机场相遇，颇有他乡故知之感，于是一起吃饭散步，聊天等候。通常这样的取消航班都会在第二天的凌晨复飞，安排在所有正常航班之前。航空公司一般会把旅客安顿到机场附近的小旅馆，第二天3点多再把旅客叫起来，飞机5点多起飞。这样的酸爽滋味，援藏三年没少尝。经常在援友群里看到某位同志在叫唤：我备降成都了，有没有同机的，一起吃饭！化苦为乐，同甘共苦，成为我们应对意外的标准心态。

昌都邦达机场海拔4334米，是我国海拔最高的机场（后来被四川稻城的亚丁机场以4411米超越），航班经常受天气影响取消，由于空气密度变小，发动机推力下降，跑道长度达到5500米，比正常尺度长将近一倍。阿里昆莎机场海拔4274米，虽然不像昌都机场修建在高坝，但运输能力有限，而且越是在旅游旺季的夏天，载客量越少，有时候一架飞机往往需要空出若干座位，据说是抬升力不够。人们常说，在昌都和阿里，看一个人的社会活动能力有多强，不是看他的职务和财富，而是看他能不能随时搞到机票。这虽然是笑话，但也充分说明一票难求的程度。2018年我陪同部委检查组去阿里，请求阿里地委副书记出面协调机票，也因为票不够数量，只能开车出行，可见一斑。

进出西藏的航班经常晚点延误，尤以夏天雷雨季节和冬天大风时节为多。大家对此习以为常，主要是对我们的航空公司和飞行员的技术充满信心。2018年5月14日，四川航空3U8633航班从重庆到拉萨刚起飞不久，驾驶舱的右侧风挡玻璃破损脱落，副驾驶员被吸出舱外，飞机失压骤降。但主飞行员沉着冷静，在地面塔台的紧急调度下，飞机从雅安上空绕了一个大圈，安全迫降在成都。这件事在当天成为爆炸性新闻，牵动了全国人民的心。飞行员后来被奖励500万元，这件事还被拍成了电影《中国机长》，赶在建国70周年档期上映。很巧的是，事故发生时，我也正身处成都飞往拉萨的航班上，听乘务员议论第一时间知道的情况。

所以久在西藏的人出差，通常都会乘早班飞机，在城市沉睡最酣的时候出发，以确保航班正常。早班飞机也有好处，就是能看日出。想象一下，身在万米高空，俯瞰一座座雪山连绵不断，山峰如刀砍斧削、险峻难至，清晰得仿佛触手可及。抬望处朝霞瑰丽奇幻、朝阳喷薄而出，阳光在雪山上勾勒出金色的线条，这样的奇观只有在西藏上空才能看到。很多摄影爱好者对座位都有讲究，出藏坐左侧拍朝阳，进藏坐右侧拍夕阳，坐机翼前可以有更开阔的视野，等等。还有要查飞机机龄的，因为新飞机的玻璃比较透亮一些。当然这样精挑细选天时地利后拍出来的照片确实令人震撼，也令拍摄者久久沉浸在巨大的满足感之中。

飞行难，到机场也不是易事。西藏的机场通常都离市区较远，因为具备良好起落条件的场地很少。拉萨到贡嘎机场以前要沿拉萨河开一个多小时才能到，2017年高速贯通后，也得1个小时，但路况就好很多。林芝机场离市区也有40分钟路程。阿里昆莎机场需要翻过一座大山，总得一两个小时。昌都邦达机场是全世界离市区最远的机场，要沿着金沙江畔的崎岖山路曲曲折折上升近海拔2000米、盘旋前行136公里才能抵达。如果当天上午起飞不了，就得等到第二天才能飞。然而机场地处邦达草原深处，周围荒无人烟，仅有两三座小棚屋售卖点日用品和餐饮。遭遇延误打击之后，出得机场，四顾荒凉，返回城区还需三四个小时的艰险，要去拉萨或成都更有1300多公里四五天时间好赶路，那种连环打击带来的茫然无措，不是亲身感受很难体会。第八批援藏的石家庄机场井强同志，就是在这里坚守三年，每每思及都不由得敬佩。

2018年李克强总理视察西藏，宣布将启动川藏铁路，这将是一项投资数千亿元的国家重大工程，沿途将通过许多地质复杂环境，攻克许多世上罕见的工程难题，谱写新的人间奇迹。近期有消息说，林拉铁路将于2021年通车，川藏铁路将于2026年通车。未来，坐着火车穿越千山万壑直达拉萨，将不再是梦想。

荒野思城

有没有体验过 G219 国道？一路向西，当数不清的 5000 多米的山口一一被翻越，直到漫长的荒原尽头出现一匹山峰，沿着山盘折而上到顶端山口，被高原反应折磨得奄奄一息的旅人，会忽然发现隔着辽远的荒漠，对面的山腰上有一座城市。那种不可置信、已经很难提起欢呼力气的感觉，会让人觉得那片城市如此的虚无缥缈，犹如梦中……

同样，当你沿着 G219 折返，到拉孜换到 318 国道继续东行，夜以继日地连日赶路。即使近在路旁，夕阳映照羊湖，湖水变幻百色仿佛伸手可及，你却已经麻木得提不起兴趣。在这样的深夜，除了乘坐的越野车的灯束照射的一小片区域，到处都是黑漆漆的，看不到任何东西，世界仿佛已经紧紧挤压到了车顶上。CD 在兴致勃勃地欢唱，但萧索惆怅的气氛压抑着整个车厢。就在这时，忽然发现远处出现了一两点灯火，不多时又是一小簇，渐渐地连成一片……你知道这不是聊斋，不是狐仙幻术，而是拉萨到了！是的，对此刻的旅人来说，这片灯火辉煌，胜过世界上最繁华的都市，胜过一切最喧哗的灯红酒绿，让人猛然间热泪盈眶，你回到了文明社会！

城市，就是现代人的心灵家园。城市聚合了更大的社会群体、提供更多的发展机遇和更低成本的普遍服务，而乡村提供我们家园之思和自然放松的环境。对已经适应城市生活的人来说，假日乡村是田园梦想，但重返乡村生活却不啻噩梦。贵州、重庆、四川比较偏僻的乡村，年轻人纷纷走出城市，田地撂荒已久，房屋逐渐颓塌，野草比人都高。房前屋后的树木竹林隐天蔽日，山猪野狐出没自如。出生在城市的农民工二代早已生疏稼穑，对乡村只存有户籍上的关联。

西藏 122 万平方公里的土地上生活着 320 多万人，这里注定是一个大片荒野和零星城市并存的地域。在那曲羌塘，在阿里北三县，在日喀则的一些县乡，多的是千里无人烟的地带，所谓邻居都远隔百里，生活方式代代相传。有笑话说：放羊娃一辈子，就是娶媳妇儿生个娃接着放羊。从拉萨到昌都，最险要的地方莫过于邦达附近的七十二道拐了。一边是奔腾湍急的怒江峡谷，一边是高耸险峻的绝峰穷山。沿着七十二道拐往上爬，感觉伸手就能够到上一拐的路基。但就在这样荒僻险绝的地方，在山谷路旁的小小空地上，往往会有两三间简陋的房屋，或是汽修，或是食店。大部分车路过时都毫不停留，只留下一片尘嚣，更衬托得这里寂静孤独。在这里生活的人已经习惯了寂寞，即使面对偶尔停下的行人，也不会显得话多。在怒江峡谷，谷底江涛汹涌深不见底，对面的山腰仿佛触手可及，实际却很难抵达。荒芜的山腰上，有小小几座房屋，蔽陋不堪。很难想象生活在那里的人们，他们如何与社会交往，他们的孩子怎样上学，怎样寻找爱人。据说牧区有一个风俗，借宿的男子可以和家里的女人睡觉。那曲有"钻帐篷"的习俗，每年八月赛马节，方圆千里的牧民都携家带口赶来参与盛会，搭起帐篷杀羊痛饮，流连十天半个月。往后十个月是小孩纷纷出生的时候，很多孩子都不知道谁是父亲。这样的生活习惯，其实是与种群繁衍的需要相适应的。中原人口稠密，所以要谈情说爱、媒妁之言下定礼聘，用经济实力和情感投合来选择配偶；陕西、青海等中西部地区人口稍少，唱的酸曲儿明显更为直接，两句比兴一带，立刻就直奔主题，声音亮说明身体好，歌词新鲜说明脑子活，足以筛选爱人。而人烟罕至的地方来个客人都是贵宾，能吃能喝就值得陪宿，错过就可能荒废家族人丁。

或许这只是局外人的揣测，我们对自身、对社会、对人类的认识远未深入。比如自闭症，从最初认为是一种疾病的生理学视角，到认为是一种社交障碍的心理学视角，到认为是多态化人类的社会学视角，更趋于包容、辅助而非强制、矫正甚至歧视。同样，对那些生活在现代社会边缘的人们，那些处在发达基础设施之外的定居点，我们应当如何认识和行动？

普惠服务的进程要将所有乡村、隐寺、牧民定居点都联系到一起。这几年随着乡村道路的逐步完善，村村通工程让公路、水、电力和网络通往每一个乡村。但那些荒僻险峻的所在，修路成本之高、难度之大、损毁环境之巨都难以承受。修路的价值何在？投资怎样收回？难以衡量。这种连通，天然会改变原住民的生活方式和生存环境，对他们是巨大的冲击和考验，他们未必希望被那么紧密地绑定到快节奏的现代社会里，因此动员和扶助需要付出很大心力和社会资源，有时还会为原住民所抵触，为好事者非议。

孔唐拉姆山（摄于日喀则市吉隆县）

　　城市和乡村的选址，受自然影响，有历史传承，既有理性因素也有非理性因素。时代在发展，工业时代的城市正面临产业衰落、人口迁移带来的布局调整，田园时代的乡村同样应接受全球化的要素筛选。对特大中心城市群渐成共识，对乡村的再分布、再优化也应纳入规划。像西藏的那曲双湖、甘肃的定西等地，自然条件极其恶劣，或高寒缺氧，或干旱缺水，支持在原地享受均等社会服务的成本代价太高昂，最好的扶贫莫过于异地搬迁。事实已经逐步证明，我们的城市群并非拥挤，完全可以接纳更多人口。

　　或许还可以畅想，按照多样化的理念，接受一些原住民与现代社会隔绝的现状，在他们需要的基础上给予可能的帮助，等待他们观念的转变或者社会的发展。接受现代生活方式的，可以向宜居地域迁徙，政府和社会给予必要的支持和帮助。或者等待科技进步，也许不用物理的连接，便可以享受借助卫星或热气球的通信，借助飞艇或直升机的运输，借助太阳能的电力与清洁水，虽然身处雅鲁藏布大峡谷，仍然与世界通联，享受现代便利。

　　今天的西藏，即将完成全面小康的历史性任务。未来的稳定发展，仍需基于城市和乡村的布局潜力。旁逸斜出的遐思不是要放慢前进的脚步，而是扩展我们的思路。希望未来的城和乡，都如人间坛城般自足幸福。

六 ◎ 西藏居停

XIZANG JUTING

布达拉宫

八廊转街

转经是原始苯教的仪轨,被藏传佛教吸纳,逐渐成为藏区老百姓的生活方式。平日里走路自觉不自觉的,都是顺时针绕圈(逆时针是苯教规矩)。西藏不适合剧烈运动,散步便是平日里最主要的锻炼方式。住处离大昭寺很近,八廊街成为散步的首选。春去秋来,经幡柱换了三度,我也在这里留下无数次的脚步。

大昭寺有释迦牟尼十二岁亲塑等身像,殊胜无比。冈仁波齐号称世界中心,但信徒在千里迢迢朝拜完冈仁波齐后,还要最终回到大昭寺,才算功德圆满。所以能够朝夕绕大昭寺转圈,在信教群众看来,无疑是幸福得很了。

当然是幸福的。在八廊街散步,最不缺的就是时间。慢慢踱着步子——快了喘不上气儿,跟着人流,在青石板路上前行。一圈下来需要10分钟左右。绕寺其实是有大中小之分的。大圈是沿着林廊路、江苏路,把布达拉宫、小昭寺、大昭寺、药王山都包括在里面的一个环形,这叫林廊。中圈就是大昭寺外的八廊街,也叫八角街。内圈在大昭寺里,绕着释迦牟尼殿转一圈,叫囊廊。很多远来的信徒虔诚地叩着等身长头,从早至晚,深夜里都不停歇。

老百姓们绕着大昭寺转成了习惯,很难区分究竟是朝拜还是散步。远来的游客喜欢这里,因为这里有最浓郁的西藏元素,悠久的历史、古老的街区寺庙、虔诚的信徒、独特的藏族文化,令人欢喜赞叹。本地人习惯眷恋它,外地人又来欣赏感受这种眷念,真是明月装饰了你的窗,你装饰了我的梦。

拉萨长年晴空万里,极适合照相。大昭寺糅合了唐朝、尼泊尔、印度和吐蕃不同文化的建筑风格,占地虽不大,自有浓郁魅力。东面的广场,北面的驻藏大臣衙门路段,西面的东苏拉姆墙,南面的白塔黄墙,处处拍来都是大片。恰如西湖淡妆浓抹总相宜,大昭寺的晴云雨雪都有不同风景。夏天傍晚有时会突来暴雨,摄影师们早就埋伏在广场角落,等着拍倒影中的寺庙;冬春一场大雪,更是奋不顾身要抢拍尚无人迹的雪霁梵檐。有些店铺专门出租藏服给游客拍照,八廊街上随时都能看到身着盛装格外漂亮精神的姑娘、小伙儿,面孔却透着内

拉萨八廓街头,玛吉阿米门前的藏服女子

地人的精致白嫩。摄像师在左右摆布寻找最佳视角，散步的我有时也会掏出手机抓一张养颜街拍。

最初一段时间，和旅游的人们一样，我喜欢去那些网红景点打卡。八廓街东南角有家名叫玛吉阿米的甜茶馆，我喜欢坐在二楼的窗边，可以遥望布达拉宫。每天晚上九点多这里有现场表演，小伙子弹着扎木年，服务员姑娘唱几首藏歌，随随便便一句，便声如裂帛。卡座之间有半人高的围挡，上面放着一排排灰白色的纸册。直到有一天我随意抽出一本，才发现这些都是游客们写的留言本。于是翻看别人的留言也成了转八廓街歇脚时的一种娱乐。一年半后，新的援藏兄弟们又开辟了喜鹊阁甜茶馆作为新据点，就在玛吉阿米西面20米不到，一个小小的门楣后面。

转的时间长了，很多地方都熟悉了。唐蕃会盟碑旁边的文成柳，相传是文成公主手植，已有千年树龄。广场上常年有一些六七岁的小姑娘跑过来抱着你腿央求你买她的串子饰品，口齿伶俐，张嘴就来，不知道是哪里的孩子。告诉她，我天天在这里，便不痴缠，偶尔还聊两句生意如何。八廓街东北角，曾是西藏近代著名学者、革命家更敦群培的旧居。更敦群培是僧人，却生性风流，还写了一部《欲经》。他天赋惊人，从小被认定是大德转世，入寺学经，辩才无碍。刚到拉萨时生活窘迫去学画画，一不小心就闻名于拉萨。他才华横溢，为藏学引入了现代人文理念，革命之余还写作了《白史》。他活到了48岁，比今天的我只大5岁。

街道有好几个出口，巷子弯弯曲曲延伸到街坊深处。"先有大昭寺，再有拉萨城。"大昭寺建好后，四面八方做生意的、噶厦衙门里的官员、各地的贵族聚集在这里，修建落脚点，慢慢形成街区。邦达仓大院现在是一处网红民宿旅馆，近代却是西藏最大的商号，出身昌都的邦达仓三兄弟贸易生意遍及西南、尼泊尔和印度，抗战时期用贸易支援西南大后方，靠唐蕃古道撑起了"以贸抗战"的壮举。老三邦达·多吉后来担任过昌都解放委员会主任，可惜50年代末就去世了。这里是拉萨最古老的街区，每一座院落都有自己的故事。

有的人来到西藏是为了逃避一些人一些事，有的人却是为了追寻一些事一个人。留言册上很多人发出千奇百怪的疑问，大多都是关于爱情的。有次我在留言册看到一幅线描图案，旁边写着一句话："谁见过这个手印？我要走遍西藏找到它！"落款是一个 QQ 号。问服务员，她看了看图案，抬手指着吧台边的墙示意我看。半面墙都画着那些线条，又像羽毛，又像手指。左右略对称，曼妙而迷离。晚间的演出准时开始了，小伙子把扎木年拨得如疾风骤雨，服务员用生涩的普通话在我耳边大声说："很久啦！我来之前这些图案就有啦！"

夜里十一点，在八廓街出入口的执勤人员已经下班了。深夜的八廓，褪去了白日的喧嚣，没有了往来的人群，街灯明亮，石板路映着微光。偶尔有几个叩长头的，默默地举直手臂，跪下，埋首，伸展手臂，完全趴在地上，周而复始。他们手中握着木橛，膝盖上、手肘上、手掌上绑着胶皮，磨损得看不出颜色。这是大昭寺的寻常一夜，也是它每一个夜里的模样。行走在这里，听那街道和房屋静默的诉说，虽然眼前这些房屋或已不是千年前的旧物，但都或长或短地记录了这里的变迁。感受那种陌生的疏离，尽管已经走过千百次，对这里的一砖一石都很熟稔。

拉萨入夜就很凉，无论冬夏。远眺布达拉宫，可以见到那最高的尖顶。据说六世达赖仓央嘉措会趁夜出宫进城，私会他的情人玛吉阿米，还有那首已经广为流传的情诗：

住进布达拉宫，我是雪域最大的王

流浪在拉萨街头，我是世间最美的情郎

……

小重山·八廓街夜饮

2017 年 3 月 20 日

曲散轻寒明月中，梵灯空照寺，柳初萌。遍身环佩裓流虹，玉阶冷，长叩覆妆容。

心事付经筒。光阴闲掷弃，易峥嵘。休归莫负月间风，温杯酒，深巷忆摇红。

冬隐于藏

很多人体验过西藏气候湿润、氧气充足的夏天，也有人到过它天高气爽、层林尽染的秋天，但西藏的冬天便少为人知了。

阿里那曲过了10月便开始下雪，拉萨11月进入旱季，由此持续到次年4月，空气干燥、气压变低、氧含量低至平原的50%—60%，是西藏最难熬的季节。城市进入冬眠，务工的人们如候鸟般飞回内地，藏族同胞很多也选择去成都或海南休假。大街上人烟稀少、店铺歇业、道路空寥，生存成为一个命题。

血氧只有70多，走路、上楼都气喘吁吁。宿舍暖气不给力，夜里盖两床被子仍瑟瑟发抖。整个冬天没有一滴雨，每吸一口气鼻腔都像在被刀割。吸氧成了两难：不吸身体难受，吸氧鼻腔难受。我的组长功文是一位学问渊博的厅级干部，第一年冬天他送我一个氧气面罩，说是可以避免鼻吸管对鼻腔黏膜的刺激。使用起来鼻腔是舒服多了，但总觉得别扭，半夜就给摘掉了。后果是早上起来鼻子里依旧干塞欲室，血块把鼻腔堵得严丝合缝。

但寒冷只属于黑夜，白天总是艳阳高照，阳光之下一切都很温暖美好。忽然就理解了那些坐在墙根儿晒太阳，或者坐在露天的甜茶馆慢慢喝茶的人，时间是太应当花在阳光和闲聊上了。我住的宿舍热水管生锈，一洗澡就浑身铁锈味。家具也有些陈旧，每次拍照晒朋友圈，总有十几年前援藏的同事大呼亲切，因为他们就住在同一个宿舍。在阳光明亮的周末我曾花了一个小时修理书桌抽屉，从网上邮购了大块棉布罩在旧沙发上，屋里便又焕然一新。这样鲜明的地方没有什么颜色能够匹配，只有热烈的橙红能够与阳光对话。生活的意义在于克服困难。

1月中旬和人民医院的援藏医生们一起吃饭，然后去神力时代广场看《星球大战外传》。电影院的喧嚣余韵被一出门的冷风一扫而空，我们在冷清的北京路口各自回家。挥手自兹去，萧萧班马鸣。他们将踏上明早返回北京的航班，而我将继续留守。

腊月根儿整个援藏宿舍只剩下我、彬彬和博士后徐旭三人。徐旭是个无可救药的乐天派，在院里捡到一条小狗高兴得很，关在自己宿舍里就出门给狗买羊肉吃。结果肉买回来狗跑了，沙发被尿了一大泡，只好郁闷地把羊肉用高压锅炖了，招呼我们一起吃。不知道是锅的问题还是牙口的问题，这"狗剩"的羊肉死活咬不动。三个大老爷们儿围坐在小凳上，喝着寡粥，徒劳地啃着羊肉，度过了西藏的小年。

每年都有不少援藏干部在岗位度过春节。除夕夜总能看见他们在群里互相招呼一起团年，他们的厨艺当然并非博士后可以比拟，无论在藏还是在内地的援友们都在群里纷纷赞扬问候。地区上甚至县上坚守的援友们更加艰苦，商店关门菜蔬匮乏，日子枯燥单调。把县城来回遛一遍也不到半个小时，能遇到个熟人唠上两句话就是每天最大的快乐。

春生夏长，秋收冬藏，三年时光便这么轮回下来。所幸西藏已经开始实行"冬游西藏"优惠政策，采取景区免费、包机打折等措施鼓励错峰游藏。未来的冬天，西藏该不会寂寞了。

庭前若桃

卧室窗外有四簇矮树，叶子是暗黑的红色，颇为神秘。一入秋季便朱叶褪尽，疏条横斜，格外引人怜惜。

3月是西藏的集结月，结束休假回到拉萨时，这里的旱季还未完全过去。早上从干燥的空气中憋醒，清空鼻腔里的瘀块和血丝，立马就拉开窗帘，观察那几簇花骨朵是否舒展或者突然绽放。这是早春里最重要的一件大事。

初春乍暖还寒。靠窗的一枝得暖气之近，总是最早绽放，可谓一树春风有两般，南枝身暖北枝寒。窗前花开后，几棵树便似得了号令，陆陆续续都开放了，如一笼烟霞披在树间，繁华热烈。疏枝冷蕊自横斜，这几树春花，便是对故乡的思绪牵绊。

等待是漫长的。每天下班路过时，花骨朵似乎又密集了几分，饱满了几分。等到早上睁开眼看，却还是那般惫懒模样儿。直到在满目萧索的荒山土城里失去希望，以为今年拉萨不会有春天时，傍晚下班走回宿舍楼，发现最靠近窗口

曲桑日追盛开的桃花（摄于拉萨市郊都拉山）

的那枝蓓蕾已然齐刷刷盛开，风起摇曳，楚楚动人，让人心旌摇荡。

　　于是打开音乐，走到阳台，空气清凉爽快。窗下废弃沙发上，白猫早已静卧在那儿，一起细嗅新芬，沐浴晚阳，聆听音乐，消磨时光。暖花懒猫依靠我的暖气和音乐而快乐，让我感到自己很重要。同时也让我知道，雨季已经来了。

　　吹散浮尘香渐杳。荼蘼之后，绿叶迅速生长，转而变为深沉的黑红色。盛夏夜里，窗外会传来鸟鸣声，偶尔一声，懒散随意，像梦里的嘟囔，又像枕旁的呢喃。想到那茂密的繁树，被灌木掩挡得严严实实的沙发，柔软的草地，倏忽而来的丝雨，此时的小鸟，应该是安全而满足的吧！

　　窗前赤树听绻雨，夜里青山忘暮云。躺在床上得了这么一句，一直也没凑齐整首。

　　这几棵树是我最亲密的邻居，三年来不知道为它们拍了多少照片，发了多少朋友圈。我一直以为这是桃树，直到 2018 年的初夏。正在睡午觉，听见窗下有人说话，撩开窗帘发现几个小战士在摘树上的果实。觉得新奇，便走到阳台观看。小战士不好意思，就递给我几个，说：味道挺甜的，你尝尝！

　　定睛一看，却是李子！

　　味道还真不错，只是觉得有点尴尬。

菩萨蛮·早桃

2018 年 3 月 13 日

　　隔窗渐看芳菲染，春寒不惧又经年。依稀当时枝，不复旧时颜。雾来屋舍隐，雪尽巴山远。何事付韶华，啼鹃昭寺烟。

谁家猫事

　　拉萨狗多。走在老城区，每个胡同都能遇见。寺庙里更是成群结队，无忧无虑。老百姓不喜杀生，任其生长，还会投食，所以繁衍得很快。

　　狗多，容易传染疾病。2018 年拉萨大规模扑杀了一次野狗，因为传染绦虫病。日喀则也扑杀过几次，听说把醉酒的人给咬死了。

但猫比较少。不知道是不是因为高海拔的恶劣条件。

我的宿舍朝南，有一室一厅一厨一卫，还有一截儿走廊做玄关。宿舍外是草坪，东面一溜儿李树把停车场隔开，使得房间比较安静。卧室窗外，不知道是谁丢弃的旧沙发摆在那儿，嵌在外墙和绿化带之间，与我的阳台咫尺相对。

大白猫2017年年底在这里第一次见到我。那是一个中午，我吃完饭回来，径直拉开客厅门站到阳台，它躺在沙发上晒太阳，猝不及防地望向我。

我们就这么认识了。当然，这只是我的一厢情愿，它从来没有亲近过我，每次见我都傲慢又戒备。

拍了好多张它的照片，无聊时就发在朋友圈。有关心我的朋友爱屋及乌，竟巴巴儿寄了猫粮过来让我讨好它。

一杯清水，一碟猫粮，一只两人坐的泡沫沙发，人或不堪其苦，猫也不改其乐，贤哉猫也。

渐渐成了我和它的默契。每天中午我摆上粮和水，下午两点时分它不知从哪里钻出来，到得阳台下，停一停，轻盈地跳上阳台开始用餐。我有时看到，也不靠近，隔着门看一会儿。它见到我，也停下来凝视一会儿，再继续吃。

临近离开西藏，我渐渐减少投食量，意在告诉它我快走了。飞机是早班的，没法跟它告别。

回京前一天下午，把所有的事情交代利索，走回宿舍。心里空落落的。远远看见它趴在我平常开的车上，望着我。

走近告诉它，车已经交了，以后会换别人开。明天要走了，善自珍重。猫粮还有剩的，托付楼上的小姑娘继续喂你。它不动，也不叫，就那么望着我。

回来好久了，有一次微信联系那女孩儿，说完事她忽然道："猫粮没用完，那只猫不来了。"

七绝·闲居一首

2019年3月16日

踏遍青山归未老，且收意气试怜猫。

孤风万里谁看顾，野李无言自放苞。

斋名六树

刚进藏有基金会捐了一批自行车，给了我一辆，宽宽的雪地胎。博士后援友徐旭帮助我花了一个下午组装好，但车头一直有点别扭，直到一个月后我们发现装反了。

晴好的时候我骑着它逛街，从林廓东路向南过拉萨河大桥，沿着仙足岛南侧向西。一路都是水泥路，溜着看路边的铺面，心情愉悦。

骑到头里，拐进花鸟市场，买了两盆花，一盆是米兰，另一盆是幸福树，兴兴头头地骑回家，又开着车去市场拉花回来。

幸福树是个高盆，最大号的，里面有五枝树丫。坐对阳台，室内有花树六枝，室外有绿茵草坪，东面一溜李树屏护，南面两簇月季争芳，庶几胜乎梅妻鹤子矣。陋室初成，书桌陈香，花树侍墨，旷无长物，于是请一同援藏的民生银行援友，娇小的杭州姑娘昀芝题了两个字：六树，做了斋号，贴在客厅西面墙上。

有时和援友彻夜闲聊至三更，回到清冷的宿舍，听着胡德夫的《匆匆》，起伏零落的伴奏很有穿透力，枝叶似乎也跟着微微颤动。有时周末高卧，近午方起。独自坐在沙发上，清风穿堂，疏影曳墙，藏歌明亮了整个房间。听着露台外庭院鸟语，偶尔有人说话，静谧把每一刻定格为亘古。午后的阳光饱满而有质感，在宣纸上印出幸福树枝叶细密的影子，伴着我临帖。

添置了喷水壶、小铲子，从内地带回绿叶肥，每周定时浇水。但我可能天然五行克木，眼见得两株植物日渐萧条。每次出差，我都认真拜托同事帮我浇水，自己也定时打电话提醒。施肥、喷杀虫剂，都不奏效。

米兰先走了。我不死心，对着枯枝浇了一年水，为着上面还有几片未掉的绿叶。隔壁援友彬彬每次串门都嘲笑我，终于在2019年年初趁我出差时拔掉了它，栽上了绿萝。

幸福树遭了虫，叶子一把把地落。喷了药，似乎见效，终归是伤了元气。第二年叶子发得很好，最后一年却有两三枝枯萎。离藏前把它转送给单位同事。

2019 年年底前，突然拍张照片发给我，枝叶亭亭，略复旧观。

想起那些干冷清静的晚上，关了灯，睡不着。老式的电暖器发着红光，照亮了整个房间，幸福树叶影摇曳在整个房间，仿佛住在了森林。

题字给我的昀芝进藏半年眼睛就因气压问题出了状况，结束援藏回杭州了，但每年夏天还来拉萨。在我即将期满回京的半年前，她干脆辞去杭州的职务，应聘到西藏民生银行，开始了在藏生活。

替我浇水的小伙子跟我讲，有一次我刚去休假，他就临时派到广州跟班学习了 40 天，忘了把我托管的钥匙留给别人，花可能干了那么 40 多天。

自行车就骑过那一次，后来送给了这个小伙子。2019 年他也结婚了。

采桑子·和匡先生
2018 年 6 月 23 日

铺陈绣凳书桌上，柳叶新黄。日影经窗，明里常将暗处妆。
山中岁月不思量，两度秋霜。词卷三章，看罢闲书习字忙。

失眠随记

长年失眠。拉萨午夜一点到四点的星月，常被我久久凝望。

试过晚睡、早睡、喝牛奶、泡脚、听音乐、听英语、看大部头学术书籍，散步……但似乎没什么关系。该失眠还失眠。总是坐到更深都寂寂，雪花无数落天窗[26]。也因此在援藏干部群里认识了几位老失眠。凌晨的群里，偶尔还聊两句。老韩就是一位。

老韩孩子襁褓，父母年迈，典型的中年人。职务不高，也不太受原单位关照。派出援藏，原单位一不给补贴，二不管安家，三不来慰问，彻底忽略。不但如此，还揪着从前一点工作瑕疵，暗地调查，反复让他作检查也过不了关。

老韩是个过于认真的人，所以难免有时想不开。我们常安慰他，就当公费到西藏采风体验，人生难得阅历。他白天还能和大伙儿欢声笑语，到夜深人静

26　（宋）陈与义，《与智老天经夜坐》。

的时候,却又觉得如同流放,悲不可抑。

也有别的援友,被派到很高海拔的地方驻村,难以适应恶劣气候求回拉萨不得,愤而求去。后来背了处分,不再驻村,还是要完成三年援派任务。也有援藏三年不得提拔,期满后随即辞职,不负国家也不亏待自己,留下潇洒的背影。

援藏可以更真切集中地观察公务员群体的人生选择。既有慷慨激昂的理想、事业,也有平凡琐碎的得失计较。谁不是爹生娘养,谁不求个日子小康?甚至,谁不期待黄旗驰奏有三捷,金印酬功多列侯[27]?

越想越清醒,有时就会起床看看书,看部片子。最喜欢安妮·海瑟薇和杜鹃的电影,美丽、坚韧、飘忽又时而柔弱。恰如半梦半醒的三更。

水龙吟·年末边外,加湿器水声叮淙,梦回偶记

2017年1月11日

暮来八廓人悄,风寒市冷经幡瘦。池边柳冻,墙头日晚,戍卒声又。北面青山,为谁忧郁,化作霜首。恨京华烟重,江南阴雨,何处觅、桃溪口。

气短最难消受。喘息间、身犹箭扣。评说块垒,围炉踞啖,少年时候。击缶中流,龙场夜半,作狮子吼。不妨孤山伴梅归,雪霁处、茶残后。

---

27 (宋)陆游,《霜风》。

林周访鹤（摄于拉萨市林周县）

回归色彩

休假结束，从庄重灰和庄严红的城市归来。旅程开启的那一刻，西藏便以一个色彩的交织体重返我的认知。

舷窗的外面，是大片雪白的云朵；云朵的下面，是起伏连绵的雪山；雪山的脚下，是蜿蜒奔涌的金沙江。车窗的外面，是大片翠绿的树林；树林的脚下，是温柔流淌的河床；河床的远处，是赤裸嶙峋的群山。迎面的山崖，描上了金色吉祥的真言；真言的上方，挂满了五色绚丽的经幡；经幡的尽头，堆起了错落高低的尼玛堆。还有那巍峨的布达拉宫和身穿盛装的少女。

贫瘠的荒原，单调的底色，反而激发热情。房屋不管是简陋低矮，要刷上耀眼的白色，镶上赭红的檐边；衣料不管是粗糙敝旧，要染成鲜艳的条纹，裁得宽大潇洒；山口不管是偏僻陡峭，要插上五色的风马旗，牵起无数条经幡；青稞不管是丰收歉入，要酿成冷冽的青稞酒，淳烈入肠令人沉醉；喉咙不管是粗犷干涩，要放声纵情歌唱，直到群山都听到，江河都停驻，湖水都化为柔波。越荒芜孤寂的地方，越要浓妆重彩，生命在于灿烂。

明朗的阳光、大块的色彩、绛红的信仰、无尽的远山——魅力之地西藏。

水龙吟·初冬离渝返藏

2016年12月12日

去来聚散几番，长亭长恨催别处。重回又是，色幡夺目，藏歌盈路。无限寒山，数笼烟树，晚鸿追暮。趁碧天云淡，峡间漠远，扶摇愿、归平谷。

醉里问君三度，曳烛雕栏思人伫。念香化烬，羽衾空暖，雨来如诉。早鹊啄窗，垂竹欲挽，可堪留步？忆白云枕间，青山榻外，作江南赋。

结缘擦擦

8月14日是一个周末，艳阳高照。在八廓街一间售卖工艺品的商店藏韵艺博楼的四楼，观看了进藏后的第一次展览，"聚沙成塔"擦擦艺术展。拉萨有很多这样的角落，不时举办一些文艺的聚会。

展览陈列了张鹰老师多年收藏的西藏擦擦。擦擦是一种用胚模批量填压制作的扁平形的神佛造像，分为泥擦、陶擦、布擦、骨擦等类型，有的外面还施以色彩或镀上金粉。擦擦最早起源于印度，11世纪开始传入西藏，主要作为藏传佛教信众的供奉对象。随着神佛造像的日渐普及，擦擦逐步从寺庙僧侣专业制作，向民间制作扩散，从被供奉对象，向随身携带的护身物转变，并成为人们日常生活中成批供奉的用品，如在拉康、玛尼堆，等等。有的地方还演化出风擦、水擦，就是把擦擦模具做成风车样让它随风转动，在空中虚印出一个个佛像；做成水车的模样让它随着水流转动，仿佛在水中印出一个个佛像。2018年7月，在林芝喇嘛林寺去往布久寺的林中溪上，我就亲眼看到过擦擦水车。

扯远了。这场展览上我认识了主持人——一名藏族女孩儿。她是一名学医的大学生，却一直在倒腾宣传西藏民间艺术的公众号。此后随着她的公众号，我看到了藏香、布艺背包、藏毯、氆氇、唐卡等很多传统艺术品，也了解到一些歌手、民乐和舞蹈者。她花了很大精力跑这些民间艺术，稚嫩却装得老到地联络、介绍这个群体。就像她的主持，落落大方，措辞却有点欠火候。

其实一些技巧算不得什么。主持是门艺术，十分的精深和七八分的口才，差别有那么大吗？人们有那么挑剔吗？赵忠祥、朱军、倪萍、周涛……金话筒新陈代谢，总会有更让人眼前一亮的新人。很多人一辈子舍本逐末，浸淫技巧，一朝离开舞台就难以生存，细细想来，只是悲哀。君子不器，诚哉斯言。

有一年她组织一场售卖会，快结束时我去了。选了一幅油画，几个藏戏泥偶，一套精致藏香。都不便宜，真要市场销售，竞争力堪忧。看见她兴致勃勃投入的样子，只觉有趣。"90后"的西藏孩子究竟会怎样看待传统文化，怎么运用西藏资源？他们能从经年的社会活动中学会关注大局，成为真正符合西藏期待的声音吗？

介绍展会信息的一位援友已经援藏六年，后来干脆调藏了。总是挺有活力的样子，牙齿白亮，爱打篮球，喜欢鼓励大家练习书法。在这里，总有各种的缘分，把我们羁縻。

文章千载

听说有西藏美术双年展,在拉萨河南岸的次觉林文成公主剧场外,时光书店楼上,我和社科院匡先生特意约好一起去。书店二楼正在开另一位作家与读者见面会,会场四壁遍悬画作,我们俩只好旁若无人地参观,好在一袋烟的工夫就看完了。坐在旁边的店里喝茶,稍聊几句,自不免谈及西藏的现代艺术氛围。去年刚到拉萨时赶上一场小型的擦擦艺术展,一位西安老艺术家的私人藏品。当时以为拉萨这样的小型艺术活动会很多,后来才发现,那已经算是很上规模的场次了。原想双年展会有很多画作,谁料也只得寥寥几位参展。忽然怀念起北京来。

一年多来,常常绕着八廓街转寺,也经常去巷子里的各种小店闲逛,去各大寺庙瞻拜。看看年轻的画师日复一日地细细描绘,看看八廓街深处的恰采康里工匠修复各种铜质佛像,也看看小店里各方淘来的异域风情的小雕塑。可能是我未得其门,总感觉匠作多于创作。所读关于西藏的著述,也多流于浅表。难道缺氧高寒的西藏真的只宜遐想,不宜沉思?

艺术源于生活。近几年间,我的足迹历遍新疆伊犁、贵州龙场、广西柳州、西藏那曲等历朝贬谪之地,这些瘴气密布或是高寒缺氧、野兽横行、人烟稀少的地方,人类远祖其实很早就留下痕迹,一直顽强地生存下来。近万年前的遗迹旧物,泥碗要绘上鱼纹图案,石斧要敲打得整齐光洁。阿里日土县的岩画,几笔线条就记录了狩猎百兽的情景,再现了远古先人对美的自然流露。

没有社会化分工促成的专业艺人,朴素的生活往往难以诞生伟大的艺术。譬如海南。有汉以来,到海南的中原人不知凡几。老百姓胼手胝足,不求寿永,只愿能延续香火,繁衍千年。南宋王象之编纂的《舆地纪胜》记载:"吉阳……东则千里长沙,万里石塘,上下渺茫,千里一色。"那时海南岛上的渔民,已经深入南海捕鱼。中华民族骨子里的文明传统,使他们不像太平洋岛屿上的土著,只要衣食无忧,便可嬉戏终日。但有余财,就尽力供子弟读书。文明之火就这样代代传承,尽管微弱。在贵阳时我参观过民族博物馆,看到了与琼州同时代的大量精美少数民族服饰。那些精美繁复的纯银头饰，叠转细腻的刺绣裳裙，让人百看不厌，叹为观止。反观海南丘浚墓前的石狮，造型简陋笨拙，连中原很多乡下地方的雕塑都不如，充分暴露了当时的海南在工艺上与内地的巨大差距。人口稀少，手艺人更加稀缺，琼州就是中原文明的遗弃之地。

历代以来，当权者对政敌最好的惩罚，便是让他们名誉扫地、远徙千里。蛮夷之地、文明荒原，恰是对那些锦衣绣口家国情怀的文人最大的打击。唐代的李德裕，宋朝的李纲、李光、赵鼎、胡铨，再到宋代的苏轼，他们从熟悉的甚至是受人尊重的环境中被抛弃，来到僻远困顿未开化的琼崖。浔阳地僻无音乐，终岁不闻丝竹声。自然环境的凶险恶劣，物质上的匮乏苦楚，精神上的打击沮丧，几厢交织。王阳明到龙场第一天，仆人就被老虎扑食，自己躲在山洞逃过一劫。纪晓岚流放乌鲁木齐，《阅微草堂笔记》里全记录着孤魂野鬼。等到几番努力终于侥幸苟活下来，政治的绝望、文化的荒漠，无人酬唱对话的寂寞，更甚于衣食匮乏。尤其是交通不便、通信不发达的古代，基本上是两个隔绝的世界。

面对绝望坚持抗争，是海明威小说的永恒主题。但在流放之地，普通人的挣扎无人关注。千年以降，大部分人都湮灭在历史长河中，成为沉默的大多数。有时候回首慨叹，人的一生至为微渺。悲欢喜怒，过后即忘。亲戚或余悲，他人亦已歌，谁能留下存在的痕迹？就算天纵奇才，也经不起历史洪流冲刷，往往惊鸿一现，不为人知。

文人不同。在海南博物馆，有名有姓的历史人物，除了像前后两伏波（西汉路博德和东汉马援）这样的武将，最多的就是文人了。这些流寓海南的古人顽强地保留了述作传统，或留下千古传唱的名句，或题写铭于摩崖的碑文，将文明之光传播到荒芜之地。很多文集早已佚散，只留下书目，但至少千年之下我们还会知道，谁曾经来过。不必评论他们才气高下，不必苛求对仗起承，那是人在至为困苦的环境，仍然不放弃精神冶炼，不放弃文化生活的最好例证。有了这些文章，海南就犹如有了黑暗中的一道烛光，学子们有了向慕中华的阶梯，海南和中原就有了文明的联系。

情怀越深，煎熬越切。经历过中原繁华，身处过庙堂高崇，他们的阅历为当世之冠，环境切换反差对他们的刺激也最大。他们或是触怒天家，或是得罪

权臣,一贬再贬,先发配广东,还不解恨,路上便接到旨意,继续贬谪到琼州、昌化军(今儋州)、崖州(今三亚)、龙场驿、宁古塔等远在天边的地方。被他们所隶属的集团所抛弃,意味着出将入相的君子志向被彻底否定,也意味着修身齐家的物质基础被罚没殆尽,甚至家族受牵连,家人四散飘零。前途未卜、身世如萍,人生的价值陷入迷茫,余生的路通往何方?传统的士大夫情怀从这时起经受考验。仲尼厄而作春秋,屈原放逐乃赋离骚,王阳明谪戍龙场悟道心

站在曲桑日追大殿顶上平台遥望布达拉宫的僧尼

学,这些故事早已耳熟能详。从海口的五公祠,也能窥见更多的样例。有的人坐困愁城,贫病交加,死于寓所。有的人继续被权臣威胁,三年后绝食而亡。有的大彻大悟,相信浮屠因果,胸襟心气趋于平和,怡然度日,死后葬于海南,传下一支大姓。还有的人有所作为,兴修水利,兴办文学,以琼为家。

但他们的呻吟毕竟自带金石之音。多年浸染的文气与世间的苦楚,磨砺了他们的文章。唐宋八大家,大部分曾被贬黜。也因贬黜,反过来成就胸怀,点亮人性的底色。例如，白居易、韩愈、刘禹锡等，在逆境时的文章，往往最脍炙人口。他们站在时代文化生产体系的最高处，以身为范自成风流，引领了流放之地的文明教化。当然，屈原见放、香山遇谪，苦闷终难掩抑。幼年时邻居叔叔嗜书如命，家里有很大的书房，藏书近万，从不外借。唯待我极亲厚，任我取阅，令我终生受益。我在那里曾经读过王蒙的自传三部曲《半生多事》《大块文章》《九命七羊》，王蒙下放伊犁的感受现在想来还很清晰。一方面是对艰苦环境的白描，另一方面是自我强化的乐观心态，还带着几缕战胜困难后的快意，令人膺佩之余，也深切感受到苦难对他的巨大影响。我原以为理想中的士大夫，遇到逆境一样云淡风轻，恍若无事，可是真正行来，几人能够？刘禹锡因三首人面桃花沉浮几十年，那种郁怀执拗实在悲凉。

　　心态是最后一道关隘。一封朝奏九重天，夕贬潮州路八千。同样的郁闷失意，韩愈不肯放弃初心，苏轼则选择了接纳。有人看他一生颠沛而始终乐观，以为是戒性忘情之功。其实他感情丰富，深知悲欢离合，像不用麻醉剂而亲历针石一样，浸入心肺，却面不改色。一个连与弟弟小别都会写好几首诗的人，其心敏感可知。道的无为、佛的色空，他都了然于胸，依然元气淋漓、不改诙谐，自在适意地生活。在惠州、海南暂居时他亲自筑屋酿酒，带着儿子探讨如何修补屋顶，制作纸张，物色糊口的食物。而记录的诗词像是既在承受苦难，又在旁观历难，越发洗练轻灵。就像苏轼所言：我本儋耳人，寄居西蜀州。颠倒个角色，便成欣快。中国的文脉千年以继，后人都从这些先贤身上获得感悟和力量。

　　时移世易，当年的流放之地，除了那曲依然是高原缺氧、不宜人类生存，其他几处都已十分宜居，当地人们生活富足、悠然自得。今天我们臧否古人，喟然兴叹，不知未来的人们又会如何评说今人？文章千古事，得失寸心知。只愿如那位雕刻石狮的海南匠人，尽管高原缺氧，尽管粗陋笨拙，依然命笔不止。

冬至观影

　　从内地出差回拉萨，在成都歇脚，正逢冬至日。深夜独自去看《芳华》，这一时刻本身就有一点神秘的寓意。尽管是夜场，但剧院里坐满了人，很多中年人特地过来缅怀他们的青春。成都的夜生活果然是丰富的。

一开场的排练片段我没有看全,到得晚了一点儿。但那满屏白生生的胳膊大腿,活色生香,青春逼人,一下子就让人回到了自己的年轻岁月。那些舞蹈、游泳、洗澡、嬉戏的镜头,为影片染上了很多亮色。

但通篇又是令人伤感的。那么乐观向上热情善良的青年,即使在被处分发配了,依然是沉稳善良的。对人对事,始终热忱、冷静,始终坚持自己的原则。性格决定命运。若不是这样事事为他人着想,又怎么会放弃进修,坚持守护战友而失去右臂?又怎么会落魄到海南送货?捧上天的和拽下地的,是同一群人吗?疑邻盗斧,还是压根儿没有感情的政治动物?

单纯的集体青春,却有那么多世故心计。爱情从来不会理想化,总是为执拗、虚荣、冲动掺杂。相信谁?依赖谁?相互取暖的,都是弱者。

一物之微

初到拉萨的几个月,我时常为一件事困扰,那便是找不到一家好吃的蛋糕店。喜欢甜食,但又不爱奶油,普通的蛋糕足以满足我的小小嗜好。虽说是普通蛋糕,其实也有很多细节:质地是否细腻松软,甜度是否适中而饱满,蛋糕皮能否焦香紧致且色泽金黄……于是我发现纵是北京东路上接连好多家蛋糕店,却鲜有能欣然入口的。大部分店家的蛋糕都仅仅得其貌而失其味。高原影响,看来已深及生活中的细微之处。

拉萨街头常常能见到"蒸汽牛肉面"的招牌。初时不懂,以为是一种新的面种,就像宜宾燃面、陕西口水面一样。后来发现蒸汽面也有牛肉面、清汤面等,才知道蒸汽指的是面的加工方式。高原气压低,水的沸点低,按照平原方式面会煮成糊糊。蒸汽可以提高温度,使面的口感清爽筋道。蛋糕工艺可能还没有找到克服高原影响的办法,难以做到与内地相似的味道。

直到食堂新推出了外卖蛋糕。那种我花开后百花杀的堂皇正色,那种侍儿扶起娇无力的柔弱鲜嫩,那种情不知所起的宛转甜腻,刹那间让我重新燃起坚定的职业荣誉感。这也是高原出品吗?

可惜一个月之后，食堂的蛋糕也渐渐泯然众人，让我明白不是工艺问题，只是不那么认真而已。想想生牛肉条，想想糌粑，旧时的食用方式渐渐传承为一种风俗习惯，同时也改造了民族的口味和喜好。或许再过一代人，就会觉得这种口味的蛋糕才最有风味吧，就像老北京的豆汁一样。

幸好还有唐卡。不同于擦擦那种批量造物所不可避免的面目依稀，甚至不同于神佛造像的细部粗疏，唐卡可谓至精至微的艺术形式。尺幅之间百千人物，音容栩栩，衣带流转，色泽丰润鲜活，既宜远观，也宜近赏。那些从小深居寺庙的画师，身处幽暗庙堂，吃着糌粑酥油茶，用世界上最好的天然矿石颜料，不惮把金玉宝石碾碎入画，动辄两三个月地连续工作，用最细的画笔，最轻柔的笔触，慢慢勾勒铺陈。藏学有"五明"之说，工巧明便是其中一种。

想来在高原，人力艰辛，穷一生之力也只能做好一两件事，其他的只好因陋就简。于是僧人选择了苦修，工匠选择了唐卡，信众选择了朝拜……至于蛋糕这样的些微之物，只好让它继续砥砺肠胃吧。

藏地衣裳

西藏民族风情浓郁，传统习惯从服饰上也可以略窥一二。本地藏族老百姓有自己的民族服装——藏袍，而且各地有差异，男女区别大。工布藏族和日喀则、那曲、昌都都有各自特色，体现在布料的用色、条纹，衣服的搭配，不同的首饰、腰佩、裙袂，帽子和头巾等。现代藏袍还融入了更多装饰元素，更加艳丽华贵。女装比男装花样多，更好看——看一场歌舞晚会啥都明白了。藏袍的面料最上等的是丝绸和毛皮，一般用氆氇。西藏本地不产丝绸，所以旧时能穿上丝绸面料藏袍的，非富即贵。丝绸外镶上贵重的貂皮、獭皮，脖子上挂着绿松石、红宝石和天珠的挂链，腰间插上镶嵌宝石的小刀，这就是藏服的最高境界。

山川殊物候，风壤异凉暄。林芝已经春暖花开，阿里还在连日暴雪；墨脱一年四季如春，那曲半年多是冬天。幅员辽阔的气候差异决定了衣着选择，加之天气早晚变化大，日夜温差经常近20度。拉萨冬天最冷的时候能到零下十几度，但正午阳光灿烂，穿个长袖也觉得暖烘烘的。有时候明明已经5月春暖花开，晚上下场雨，早上起来已经是白雪皑皑了。所以藏袍的上衣外套都比较厚实，氆氇、毛皮都有，热了就脱一只袖子斜袒着。

城市生活改变了习惯。城市藏族居民在工作或日常生活中，一般不穿藏袍。在八廓街散步，往往能遇到很多着藏袍的转经群众，大部分袍子颜色为深褐或绛红、藏青，衣物较为简单，袒一臂脱衣袖缠于腰间。藏装也不一定全套，穿牛仔裤、皮鞋、运动鞋的都有。一般人都会佩戴一点装饰品如手串什么的，年轻女子往往手链、项坠、耳环、腰饰齐全。而男人饰品繁复硕大的，多为康巴汉子，孔武粗豪。穿着鲜艳而齐整藏袍的，很可能是特意拍照的游客或新人。

赶路出差尤其要带足添加衣物。据说西藏自治区给每位厅局级干部都配了一件警用大衣，关键时候真能顶用。我每次出差无论冬夏都要带一件羽绒服，而且每次都能用上。海拔5000多米的山口在西藏比比皆是，停下来方便一下拍个照什么的倒无妨，怕的是万一遇上堵车或车辆故障要多停留一段时间，寒冷彻骨既难受又危险。去年陪内地朋友路过色季拉山，山口海拔4700多米，停下来一会儿工夫，几个朋友已经纷纷买来披肩裹上，就连男士也不例外。那缤纷艳丽的色彩，真有忍俊不禁的喜感。但醒目的色彩确实比较适合西藏，尤其是拍照时。西藏有些地方的沙化现象比较严重，像林芝机场向东的雅江河畔、亚东帕里镇多庆湖周围、定结县郊的朋曲河畔、G219国道阿里境的东段等地，沙丘连绵，已经颇具沙漠风光。有时候风沙大作，双目难张，更兼吹面生疼、口鼻皆入。这时候一条魔术头巾就十分有用了。平时套在脖子上，拉到鼻梁上就可以遮阳防尘，天冷时还可聊添暖意。魔术头巾与墨镜、帽子配套，基本上可完全遮蔽面部，可以有效防止晒伤，实在是出门旅行之必备利器。

西藏生活的衣着随意轻松。在城市和农村牧区，既能看到最传统的藏袍和"帮典"围裙，也能看到最现代的品牌衣装。在离天最近的地方，穿什么都是对的，最好还要足够鲜艳。

零食散记

小时候家境一般，养成了节俭习惯，又很早离家求学，零食对我来说，既

藏西草原上的野驴

非必要，也不想念。大三时某晚几个同学一起吃冰激凌，我才恍然想起上一次吃冰激凌已经是十年前了，可见一斑。

但偶尔也会觉得口淡。中医里"口淡"是脾胃虚弱、湿阻中焦引起，这个词我也不知道确切与否。记得《水浒传》里，好汉们进到酒铺，先一拍桌子吼一声：嘴里淡出个鸟来！唬得小二立刻切一斤牛肉、筛两角酒上来。所以感觉馋的时候就条件反射地想起这个词。

《水浒传》治好了我的挑食毛病。小时候脾胃弱不爱吃肉，到初中长身体了，看水浒传里吃肉，自己也到厨房找些卤肉腊条用手抓着吃。在西藏口淡了忍不住时，便出门觅食。

最常去的就数后门那条街。这条街上有一些小店铺，老板大多是四川人。我曾经在南头靠十字路口的小店买过猪肉、蔬菜和鲜鱼，也长期在最南边那家理发店理发，老板比我大不了几岁，态度沉稳温和，动作麻利勤快，很喜欢西藏悠闲的生活，觉得这里挣钱。他和女婿每年三四月上来，到12月左右就回四川了。再靠北一点儿是一家吃鱼的饭庄，两口子开的。2016年下半年广东省派了一批短期援藏的同志过来，住在招待所，没有做饭条件。广东人爱喝汤，每天都带着瑶柱、干贝、桂圆等到店里，指挥老板炖汤，生生把一家四川鱼庄改造成了粤式老汤店。再往北有家炒货店，卖各类瓜子、花生、干果、糕饼零食，店面要开到晚上十点。夜里挺冷，老板两口子总偎在火盆边烤火。经常是夜里八九点才去，习惯性地问一句："有新鲜炒好的瓜子吗？"老板总是面无表情地回答："都是今天新炒的。"真假也不计较，称上十块钱的，半斤多一点儿，高高兴兴地回宿舍嗑去了。

是的，我的零食就是这么单调，原味瓜子就是我的最爱。

有时候，还想念甜食。从小在重庆长大，醪糟、汤圆、阴米、溏心蛋、三角糕、米糕是每日早点，逢年过节喝冰糖莲子银耳汤、吃炸红薯饼，春天要用绿豆、蔗根、荸荠、风萝卜和红糖熬水预防感冒，端午前后开始吃糍粑蘸白糖，中秋吃豆沙月饼、冰糖薄饼，冬天外婆要做红薯干炒的沙罐……这一年的甜食，从不断绝。工作后喜欢上蛋挞、蛋糕和纯黑巧克力，也总不过是掺杂了异域风情的甜食。藏餐里甜食没有什么特色，拉萨的酸奶太酸，那曲的酸奶名副其实的好吃，可惜每次只能买一大桶，吃不了一小半就坏了。有一次在超市里发现新研发的青稞酥，酥脆爽口，又不甜腻，引为知音，从此长期购买，时时品尝。

川菜在西藏最为普遍，连带着四川小吃在这里也很普及。我在拉萨街头发现过老家的羊肉格格、杂酱面、酸辣粉，可惜都不太正宗。所以我很敬佩广东短期援藏的老邱，虽然援藏安排很仓促，在藏期间又正逢最艰苦的月份，吃住条件都不方便，却始终乐观开朗。没有广式餐馆，川菜也吃得开心。

他回去广东很久之后，我在天海路偶尔吃到一碗放了芥末的凉面，不觉泪流满面。

高原彩虹

在去林芝的旅途，在林周的野寺，在南迦巴瓦山脚，甚至在拉萨的街头，我都遇见过彩虹，而且总是两道如影随形。准确地说，外面一道叫霓，里面一道才叫虹。两道霓虹挂在天边不远处，提醒着你身在空气最澄澈、最明净的雪域高原。

祝酒词——送别来藏战友

拉萨的七月是雨季，
常常能见到彩虹，
但是双虹横贯天际，
仍然十分稀奇。

拉萨的七月是旺季，
来往的游客熙熙，
但是尊贵的客人齐聚，
仍然十分珍惜。

见到美丽的双虹，
总要忍不住驻足，

迎来尊贵的客人，
总是忍不住挽留。

双虹昙花一现，
美丽只留在眼前，
远客终将分别，
友谊会留在心间。

愿将美丽的双虹，
献给归程的贵客，
愿把深厚的情谊，
留在双虹的拉萨。

洗手羹汤

民以食为天。进藏工作后，最先面临的一个重要问题就是吃饭。毕竟不是所有单位都像我们一样全年无休，食堂也是一日三餐周末节假日全年都有。很多部门人很少，家属院和办公区离得很近，同事们下班都各自回家，单位根本就没有食堂。有的单位加班不多，食堂不供应晚餐，更不用说周末和节假日了。这样，我们这群单身汉的吃饭就没有着落。第一个月还有几位援友向我求援，希望到我们单位搭伙吃饭，不过后来慢慢都想办法解决了。但食堂毕竟是大锅饭，众口难调，何况内地和西藏在口味习惯上差异不少，所以自己做饭便成了众多援友的必然选择。

尽管现在挺流行一人食，但做过饭的同志都有体会，一个人的饭是最头疼的，花样多则不经济，花样少又没胃口，众筹做饭既可解决问题，同时又变成援友们团聚的最好形式。

拉萨的物价比内地偏高，一顿饭食材动辄几百元。小菜店、菜市场分布多，比较方便。要论齐全，就得算药王山菜市场了。这个市场就在布达拉宫斜对面不远，隐藏在一溜饭店门脸之后。市场之大，与北京的一些大中型市场也差不多了。菜品很丰富，大虾海鲜都是每天空运过来，过去拉萨吃不到新鲜海鲜的历史早就结束了。因为西藏川菜流行，这里的川菜调味品、半成品尤其多，什么豆瓣、咸菜、干豇豆、海椒面……琳琅满目。拉萨的蔬菜水果如青菜、西瓜等部分已经能够自产，但大部分还是靠汽车运输，据说是走青藏线过来。牦牛肉主要是青海、四川的，因为本地不怎么杀生，所以自产牦牛肉很少。这点我周围的同事也有所印证，他们经常询问我，老家亲戚捎来牦牛肉了，要不要分我一些……

食材采购仅仅是热身。一般能力低下的外围人员，都是干这种按图索骥、照单采买的活儿。真正的大厨连这也要亲力亲为，毕竟食材关系到菜品质量，外行往往分辨不出肉的最佳部位，选不好最新鲜的海鲜。我们系统援藏人多，大厨有好几位，在早期援友圈颇有声名。可惜大厨们都是一年半的援期，导致我们后面的一年半倍感萧条。

实事求是地讲，我们单位宿舍条件相对一般，面积不大，家具陈旧，全靠人设撑着。一顿饭少则四五人，多则十几位，桌椅碗筷都是拼拼凑凑，有一次援友阎宓还自己熬好粥连着高压锅一起端过来。但闲暇时间聚在一起大家都觉得很快乐。我们在这里陆陆续续和援藏的医生、邻近的援友、内地过来的朋友、地市到拉萨短期工作的同事一起聚餐，又组团到残联、出版社等地蹭饭，甚至派出厨师刘鹏教授作为外援，以便别的援友能够货真价实地请我们吃饭。每次聚餐，大家小酌大吃，聊天打牌，共享离家万里的家庭氛围，其乐融融。我曾经填过一首词，记录去林周踏访过冬的黑颈鹤后回厅里吃火锅的故事：

小重山·拉萨次雪
2017 年 3 月 19 日

鬓影衣香台上馐。火锅翻细浪，唤肥牛。三巡杯盏论风流。人不见，轻絮叩边楼。

清酒易消愁。朦明西窗外，杏花幽。穿城却访落鹤洲。归途晚，些雪不堪留。

除这样的兵团化作战外,还有一些片段令我难忘。有一次傍晚出门回来,路上看微信,隔壁农牧厅的援友国权在朋友圈晒了一张小豆包的照片,十分令人眼馋,于是嚷嚷要吃。结果老实不客气地冲过去,发现是一堆人在聚餐。国权专门为我又蒸了一屉12个小豆包,我吃了8个,满足了一整夜。国权是个心灵手巧的勤快人,在藏期间没少做饭,我还喝过他用黑龙江老奶粉做的甜茶,比拉萨市面上的甜茶好喝太多了。他经常琢磨一些小玩意儿,如牦牛骨头做的手串、牛皮做的荷包等,为此他还专门购买了很多加工工具,也算是业余消遣的乐趣。

古体诗一首·酬国权兄手制甜茶

2016年8月15日

国权作甜茶,邀饮农牧院。
藏香若萦室,毡毹便为毡。
茶采祁门雾,奶取安达源。
诸料皆具足,手法无差乱。
亥时登法坛,子时功德圆。
红漆银胆壶,白玉琉璃盏。
色如琥珀黄,气似雪鹤旋。
初闻已沁脾,细品酽复甘。
相对若忘言,意在唇齿间。
饮此无上味,足证修行满。

有些援友,虽然从未谋面,却常在微信群里冒泡,尤其是在寒冷的冬夜,发一些热腾腾的图片。比如,西边某个职业学院的援友,发了好几次自己蒸的大肉包子的照片,而且一整好几屉,特别考验定力,我好几次都没忍住要冲过去吃几个。垂杨柳医院的海梅医生,听说我们的援友食堂后很羡慕,主动跟我说:我会做北京炸酱面,我可以去做给大家吃!但是我不会和面……垂杨柳医院对口支援拉萨堆龙德庆医院,在拉萨的尽西边,到我们单位开车也得一个多小时呢，这样的服务到家特别令人感动。可惜的是约了好几次，都临时有事没能谋面，炸酱面也没吃成。海梅医生的热情不光体现在做炸酱面上，更主要的是她参与发起了援友健康管理的基金，坚持为援友定期提供健康讲座和医疗咨询。我去听过她的讲座，非常细心温和，为了给大家示范怎样给婴儿拍嗝，专门带了模型来现场演示。我家孩子小，其间蒙她帮助良多。

还有环保部一位同志，坚持每周做饭请援友们聚餐，每餐必须光盘不浪费，还要分享各自有趣的故事，成为三年援藏的一道亮丽风景线，很多援友都曾经出现在他的"侠客"会客厅里。此外，援友们还时不时以各种理由自发下馆子小聚，拉萨地面不大，有时常能在同一饭馆碰见，特别是天海路一带饭馆多，大家亲切地称这里是中部战区。

人是铁、饭是钢，解决了吃饭问题，才能保证三年援藏健康顺心。聚餐做饭更是一种加强团结、凝聚感情的纽带，让我们在孤寂的周末、寒冷的夜晚、缺氧的冬季能够抱团取暖，互相鼓励，共克艰难。

天际之痕

不嗜烟酒，不能喝茶，不爱运动，工作占去了我大半在藏时间。挚友王非家的老爷子听说我援藏，专门题写了一首词，裱起来挂在办公桌对面。北京林业大学援藏的刘忆老师手书了一幅"不忘初心"赠我，贴在办公桌后的墙壁上。资助小朋友义卖，买了一幅油画搁在对面沙发墙上。后来又陆续添了水生植物，放了孩子照片，办公室就越发成了我的根据地。

每天我都准时下班，因为食堂不等人。吃完晚饭散步，再回到办公室。最喜欢的时光就是下班后和同事们坐在办公楼前的墙根儿，一边晒太阳，一边看他们闲侃瞎闹。西藏的工作氛围，总显得亲情浓郁。

很少吃夜宵。但如果遇到爱吃的同事，如单位里阿来、杨军、卓嘎、刘源等一帮人，也能蹭上好吃的。有一回专项工作连续熬了三天三夜，同事们专门买了清心居的粥，仓姑寺的手制牛肉包子，霁月斋的云南肉臊米线……一晚上吃了三次夜宵。过完藏历新年后，藏族同事们都会带些吃食放到单位。我喜欢吃甜食，有时会到隔壁或楼上办公室找一种形如麻花的油炸点心，吃起来软软甜甜的，能一直享受到 5 月。

常常加班到深夜。办公楼静悄悄的，只有几个窗口亮着灯火。这里离我曾经生活工作的地方相隔十万八千里，方圆 122 万平方公里认识我的人不超过两百人。有时候为这种远离而怅然，有时候也为此感到释然。没有太多的人关注我，我像一个世世代代生活在这里的人一样生活，只通过网络和阅读触摸山外的世界。

林聚路上的小门夜里 8 点后便关闭，下班回家需要绕道北京东路由林廓东路回宿舍。路的尽头可以望见布达拉宫，街灯昏黄，没有人，车也很少。听本地的 103.1MHz，有姑娘在轻轻唱着藏歌，圆柔清亮，一句也听不懂，这让人感觉自己还在异乡。

林廓东路有一家蒸汽牛肉面叫风华楼，24 小时营业，是东边人们的深夜食堂。有时候夜里两三点睡不着，干脆起床吃一碗牛肉面。我在这里学会了生吃大蒜，可能因为高原味觉迟钝吧，内地辣得受不了的东西，在这里反而觉得提味儿。

援藏一届、做事三年，大家都不愿辜负韶华。经常能听援友说起自己的工作进展和思路，操心怎么破解实际困难；更经常能见到援友们的工作取得成效，见诸报端。有一次久咳不愈、撕心裂肺，去自治区人民医院看病，结果在宣传栏里看到早已期满离藏的医生援友们的照片和介绍。没来由想起一句诗：

I leave no trace of wings in the air,
But I am glad I have had my flight[28]

如斯美眷

2019 年 7 月 31 日上午，雨后初晴。西藏自治区党委政府在大会堂隆重召开中央国家机关和央企援藏干部欢迎欢送大会。8 月 1 日，我们正式结束援藏返回北京。在 11000 米的高空上，同机的援友有二三十位。大家互相打着招呼，

---

28 此译文为："天空没有翅膀的痕迹，但我已飞过。"摘自 [印度] 拉宾德拉纳特·泰戈尔，《飞鸟集》，郑振铎、姚华译，商务印书馆 1992 年版。

平常的寒暄中透着压制的激动。这不会是我们最后一次飞离西藏,却是我们与过去三年的最后告别。回顾这三年,不敢惜身、不辱使命、不愧誓言,我们在最恶劣艰苦的地方,以心许党、以身许国,用最美好的人生岁月,铸造了最深沉的信仰。

坐在我身旁的援友邓岩——一位非常帅气的小哥对我说:你知道我们援藏多少天吗?我们在西藏三年总共待了整整1100天!这个数字如此精确,不难想见曾经被扳着指头算过多少次。《天方夜谭》里山鲁佐德给国王讲故事,从波斯讲到印度,从印度讲到埃及,从埃及讲到阿拔斯,感动得国王回心转意,也不过一千零一夜。

刚到拉萨时,有上届援藏的前辈问我:"你知道三年哪一年最难熬吗?"我摇摇头。他说:"第二年。第一年是新奇,第三年有盼头,只有第二年最辛苦。"后来的日子里,我慢慢体会到他的感受。和每天担心故事讲不好被杀头的山鲁佐德相比,我们在西藏最大的困扰是孤独。唐时吕温出使吐蕃,在拉萨待了一年多时间。他写道:

三五穷荒月,还应照北堂。
回身向暗卧,不忍见圆光[29]。

月亮在中文里的意象,总是和思念、孤寂、亲情联系在一起。老学究杜甫想念夫人,同样会写下"香雾云鬟湿,清辉玉臂寒"的句子。我原是工科出身,到西藏得闲填词。三年下来回头拢拢,不知不觉的,月亮就会出现在词里。

刚进藏时,援友们联系频密。我们常常约着吃饭、打牌、出游,用热闹驱散孤单。记得中秋那天,援友祥云傍晚才从郊区的赛马活动赶回来,赶紧就约着打牌。我们在八朗学巷子里吃藏式火锅,欢迎援友徐旭的夫人过来探望,感觉就像回家一样热闹。那时候的月色,是欢腾笑声的背景,是人约黄昏后的提醒。

这样的意兴勃发随着时间流逝渐渐淡化。工作进入正轨,援友们都愈加忙碌,加班、出差越来越频繁,聚会也越来越难周全。春江花朝秋月夜,往往取酒还独倾。只有月亮,陪伴了人生的宁静时光。西藏与北京海拔相差3600米,

---

[29]（唐）吕温,《吐蕃别馆月夜》。

日喀则回拉萨路上

纬度相差10度，时间也要晚近2个小时。同样的夜晚，拉萨才刚刚月上柳梢头，北京已是月明星稀。无论电话和网络如何方便，总归有3000多公里或者2个小时的时空错位。好在夜静花眠后，天南地北，可以同赏清平月。

很多援藏干部注重锻炼，一些人组建了足球队，有的每天走一万步，周末还爬山，还有去健身房撸铁的。我信奉静以修身，锻炼就以闲步为主，有时候会走很久。时间长了，八廓街每一条深巷每一个小店，布达拉宫每一个角度每一种形象，都谙熟于心。绕着布达拉宫转圈，可以看到不同的月色。从南侧的布达拉宫广场看去，月出布宫颇有一种"明月出天山，苍茫云海间"的恢宏壮丽。绕到宗角禄康公园后，能看到月光下的宫墙剪影，绮丽多姿。东侧的康昂多北路不允许车辆通行，散步的人三三两两。路旁的商店林立，树木枝叶繁茂，掩映间的布达拉宫不复白日里的盛妆，显得慵懒柔和。繁花、余晖、山脊、灯寺、行客、盈月，这些元素足够展开任何一部大戏或画卷。

在浩渺的雪域，月亮是最圣洁、最神秘、最仁慈的存在，千百年来，月亮成为西藏生活中不可或缺的存在。它是藏历的核心元素。藏族最古老的历法要追溯到3000年前，象雄古国留存有一种"本雄老人口算法"，把全年分为20种日子，如杜鹃飞抵日、岩羊羔早生日、盘羊角日等，每种日子的天数不等，用动物的作息来划分时节的阶段。由此可以推想在那么久远的过去，我们的先祖就那么智慧，对动物观察和总结得那么深刻。在远古年代，西藏不同地区确定历法的依据也各有特色：东方的珞、门观察禽鸟和植物，北方的羌塘观察星与风雪，南方的岗卓观察山湖牲畜，而西方的笨象观察日月运行。雍仲本教甚至精确推算出冬至日归时间，并以此作为一年初始，形成了节日及各种仪轨。

围绕月亮的历法不断完善，最终沿用至今的是萨迦时轮历，以月相变化周期为一月，以季节变化周期为一年。这是最有特色的设计，月亮最圆的时候就是十五，无论牧区还是农区都可以方便察知。抬头赏月的时候，也会同样喟叹：一月又过去了！而藏历新年与农历新年之间有四种情形：要么重合，要么相差一天，要么相差一个月，要么相差一个月零一天，也都是闰月和大小月的纠正。

除了历法，宗教中也少不了月亮的身影。月亮代表慈悲方便，在大昭寺顶，在藏民大门上，在唐卡壁画中，到处都装饰着月亮。印度毗耶离城长者毗摩罗诘的女儿，名叫月上女，有宿慧，能与佛祖对坐讲经。当然，汉传佛教里月亮也是参禅悟道的重要机缘：

> 来往烟波，十年自号西湖长。
> 轻风小桨，荡出芦花港。
> 得意高歌，夜静声偏朗。
> 无人赏，自家拍掌，唱彻千山响[30]。

这样的意象，在城市夜晚的欢聚落幕，在长途奔波的荒野无际，在雪拥蓝关的露宿道旁，在夜半仰望的如瀑星河，都会共鸣。不要以为高原的人外表木讷，所以内心迟钝。西藏历史上从来不乏舌灿莲花，辩经甚至是藏传佛教的一大特色。即使是没有受过教育的，唱歌也跟流水一样自然。他们对时光的感受，对离别相聚的情绪，更加澎湃奔腾。

去西藏是命运的安排。随着三年时光的流逝，在午夜梦回的时候，会觉得那些苦楚发酵着甜蜜，那些委屈沉淀为牵挂，那些遗憾变成了眷恋。这或许有点斯德哥尔摩综合征，但挥洒过心血和汗水的鼎盛年华，就像冬日的树荫，总是会留下大片大片的阳光。有人说，如果能使世界在某一维度稍微前进一毫米，人生便有价值。月亮的阴晴圆缺陪伴了我的汗水，只在我的心里留下波澜，却不知道对这方天地有无衍射。付出莫问收获，奉献但求无愧，援藏的真谛就是如此。

有一次到林芝出差，夜里沿着尼洋河散步。正逢农历十五，月亮倚在山头，月色如河水静静流淌，山川柔润，街灯粲然。那一刻的心境，此生难忘。

西江月·林芝小住

2018年7月25日

> 旬雨初晴明月，长桥涛岸新亭。欲行且住两三星，暗处微香小径。
> 鲁朗林原堪恋，南迦峰望须惊。应知丽色易相倾，事简人闲山静。

---

[30]（宋）杭州灵隐寺慧远禅师，《点绛唇》。

七 ◎ 诗词雪蕃

SHICI XUEFAN

喀喇沙尔的开都河上的平桥（最下段桥面）

在西藏三年，填词作诗消遣时光，共计60余篇。除了前文里已引述的，其余放在这里，供清赏雅正。

水龙吟·重赴阿里有感
2018年8月30日

新逢秘境初秋处，雄嶂润云溪涧。山川驰目，诗情应耳，倚书成隽。臧否得失，寻湖访寺，采风求谏。尽江湖儿女，轻家重业，氧希矣、尚能饭。

万里象雄忘返，夜雪几番惊晨雁。崖崩路断，饥餐困宿，歌呼不倦。野马逐车，青稞浇垒，雪峰劈面。但销魂最是，峰回雨住，土林霞晚。

水龙吟·南山
2016年11月24日

霜山秋暮堪临，霞烟蒸蔚城遥顾。雾失重榭，苔侵斜径，随香觅路。路遇须惊，那年初见，神仙人物。更雨敲前事，竹拂旧影，闲书掷、扉门杜。

欲挽马蹄声促，倦鸿空候人空误。丹檐落落，雪川皎皎，匪余思故。照影松湖，折心苯寺，人偏歧路。尽铅云眺目，独斟酒后，不思量处。

水龙吟·校庆随忆
2016年9月29日

金秋千里同贺，芙蓉锦城礼未央。辟雍六旬，负笈廿载，历历时光。养我锐气，育我韬略，成我放旷。聚一时鸿儒，历届学子，曾激扬、或难忘。

夹道银杏如炬，笑语间、故园堪赏。携手当年，栀子花繁，紫藤游廊。雨蚀风侵，醉梦无度，八面开疆。但阅尽山河，终不及此、午后课堂。

桑耶寺佛塔

水龙吟·秋分

2016年9月24日

情伤自是秋雨,秋来塞上云遮望。桃花人面,修臂长身,羌钩西凉。寻幽弄羽,妙手为文,一时瑜亮。共西府海棠,江南丝柳,酒阑处、塘蛙唱。

料来今夏雨多,樱洲外、残荷未赏。昼短夜渐,衾冷难问,岁岁思量。雁自南飞,人各西北,孤山叶黄。别后莫相见,年年秋分,略致观想。

水龙吟·中秋

2016年9月15日

乘风万里东归,阅遍峻山无重数。雅江平阔,云停山隐,柳烟近渚。别后清秋,凭栏遥望,亭台如故。过玄都桃红,沈园池绿,回头向、庭前树。

鬓影衣香何处。那人间、筵开几度。檐间金桂,池边朗月,远人驿路。唤酒催灯,喧嚣头里,漫敲弦筑。听何人为我,高歌扶醉,声越重府。

水龙吟·雪顿节过宗角禄康公园

2016年9月3日

重云骤雨惊窗,依稀法号随风露。黛山初雪,柔桑渐染,布宫远仁。重见旬年,隔江犹是,当时眉目。纵日残星散,鬓秋衣瘦,终不改,人如故。

一派安详谁诉?若藏戏,足癫手舞。儋州瘴谷,伊犁霜月,龙场恶蛊。成人是非,文成移像,昭君画误。漫道前缘老,振衣辞去,化作游鹄。

日土岩画

渔歌子
2018年10月15日

烟渚萧萧曲水秋,
归期将至北来鸥。
山如血,月偏钩,
转经路外小碉楼。

鹊桥仙·中秋后
2018年9月25日

霜晴归雁,秋声染渚,
杯尽萤白星鬓。
羌笛喑涩缈云边,
久不惯、清腔越韵。

焦桐疏影,尘纱孤照,
浓淡随风酌准。
月圆佳处自秋涛,
又何用、常期潮信。

托林寺

天净沙·远赴柳梧新区观影归来有感
2018 年 9 月 3 日

波光阑影城边。
剧终音袅人单。
客巷倾杯月残。
梆匀思乱,
海棠香烬无眠。

西江月·小聚
2016 年 8 月 11 日

七夕弦月柳梢,昭寺小巷友邀。围坐试吃藏火锅,却喜团圆相照。
千金然诺岂销,百里信人相召。赛马看罢薄袖撩,斗牌直至拂晓。

相见欢·高铁过蜀东
2018 年 6 月 23 日

丛竹碧垄清潭,鹤田边。薄暮炊烟雨后,正农闲。
平湖晚,江城绚,照归帆。驰过流年逝景,瞬息间。

如梦令·九月二日八廓街散步

2016年9月3日

浅浅斜阳入户，
对对行人盼顾。
却听渔阳鼓，
为到塞外边路。
留步，
留步，
一曲青酒无数。

自拟词一首·八月二十赴飞军兄家宴有感

2016年8月20日

肉足黄昏后，
弦子声曼，
锅庄舞骤。
山亭款斟青稞酒，
唱一首，
和一首。

独自上高楼。
卷云无羁，
群山白头。
明月无暇风满袖，
思一筹，
念一筹。

浪淘沙·七夕
2016年8月18日

万里云如幛。
雪峰宝相。
前世因缘今事藏。
案牍忽见明月起,
也照他乡。

何事常北望。
昼消夜长。
小儿蹒跚欲扶墙。
别时不解家国念,
引吭犹唱。

扎耶巴寺山腰的一处佛殿

忆秦娥·十月十四日赏月兼携友问茶记怀
2016年10月14日

边陲夜,
等闲得赏山前月。
山前月,
一带灯火,
隔江楼阙。

长滩凋树西风烈,
求茶叩院东关雪。
东关雪,
侧柏千载,
几番情略。

孔唐拉姆山下的野驴

定风波·重回拉萨有感
2019 年 3 月 12 日

风信原知藏地迟,胡茄声切雁不归。气短深吸长至腹。信步。此身合教付边陲。

萧瑟仲春边驿柳,枯瘦。碧芽却缀两三枝。晚雪欲阻前无路。休住,江桃正引半城绯。

七律·金陵客来藏同游布宫昭寺有感,兼寄晓虹
2017 年 10 月 28 日

华灯初上月如钩,远客相携八廓楼。
兴发曾登灵谷塔,心平今赴喇嘛洲。
青街乞福长身叩,玉册书心过目休。
谁谓黑云夺正色,唤开莲瓣润繁秋。

七律·清明浮思
2016 年 9 月 21 日

边桃新碧清明夜,快雪销红柳叶针。
欲挽青篱凋玉树,何妨太液就金樽。
漂浮四月多情絮,浪荡十年忘欲身。
闻道丁香能解语,闲情写罢待秋心。

直贡梯寺

七绝·傍晚雨雹约前次援友小聚
2018年7月8日

落日青山旋柳翠，城关弄里绛门津。
惊雷忽雨敲蓬舍，远客新茶是故音。

五绝·国庆末漏夜候上班有感
2016年10月6日

灯火人去后，小楼月如钩。
残墨不尽意，书乱桂添幽。

五律·拉萨河观游并和昀芝
2016年8月28日

入藏方一月，心潮逐日高。
旧事渐随风，近容忽若桃。
江阔生繁树，山幽映湖沼。
徐徐行且止，离离苇与蒿。
鱼影云间戏，钓客柳下邀。
肥鸡共竹笋，不负韶华好。

马泉河谷

五律·雪夜忆去岁见老友
2018年4月4日

雪夜辞昭寺,乘桴越怒江。
芙蓉多故事,琼海叙同窗。
丽色当时冠,霜华此际羌。
倾杯君莫问,更话少年狂。

七绝·于金寨途中
2018年3月28日

渐看小丘新柳黄,田圩屋内炒茶娘。
诗文教罢饮牛去,挖蚓携儿钓碧江。

五言·八月十日诣体育局张兄
2016年8月11日

携瓜访新邻,拉萨骤雨后。
庭院深几许,道路幽且久。
掩扉桑花繁,穿庭长草茂。
煮水焙红茶,倾盏劝旅友。
凭栏照夕寺,隔窗听更漏。
夜阑辞身去,依依望巨柳。

五绝·拉萨夜雨
2016 年 7 月 31 日

圣城多夜雨，润物气韵生。
愿寄清凉意，万里慰劳尘。

五律·八月二十一赴区党校所见
2016 年 9 月 21 日

后羿应徇情，逐日向雪宗。
天高九万里，云遮数点峰。
夹岸苍柳远，出溪丹檐重。
问书三界外，证道稷下宫。

五律三首·培训
2016 年 7 月 27 日

首都机场南，培训组干院。
地逾千顷绿，楼呈四角攒。
宏论治方略，微信群聚团。
相逢援藏路，奉献不孤单。

朝接赴藏令，暮至组干院。
好友皆错愕，家人对默然。
一一难辞别，念念留凤愿。
千虑几成章，欲诉竟无言。

暴雨临京城，万里黑云凝。
风停疑入暮，蝉嘶唤援人。
迢迢通惠路，在在阻难行。
奔波何所图？争得半日停。

诗词索引

行路难·戏赠胡郭二大人 / 9
七律·尼洋河随行有感 / 9
西江月·复咏中流砥柱石 / 12
水龙吟·林芝三日有感 / 13
五绝一首·波密随记 / 17
水龙吟·赴昌都途中所见 / 18
水龙吟·进藏一年赴那曲出差有感 / 28
西江月·吉隆途中 / 47
七绝一首·道左遇汉服少女 / 61
破阵子·初赴阿里 / 63
五绝·绝早访班公措 / 74
水龙吟·阿里 / 81
水龙吟·过拉萨策门林寺 / 86
水龙吟·傍晚闲步偶得 / 86
点绛唇·二月初四访哲蚌寺 / 88
小重山·十月初二上甘丹寺 / 92
七律·访帕邦喀寺 / 94
破阵子·萨迦寺素描 / 113
水龙吟·十月六日访羊卓雍措 / 125
小重山·林周访鹤 / 126
水龙吟·春分访林芝德木寺桃花未遇 / 130
七绝·春雪遥想林芝桃花 / 135
水龙吟·赴林芝途中览秋有感 / 137
小重山·八廓街夜饮 / 157
菩萨蛮·早桃 / 162
七绝·闲居一首 / 163
采桑子·和匡先生 / 165
水龙吟·年末边外，加湿器水声叮淙，梦回偶记 / 166

水龙吟·初冬离渝返藏 / 168
祝酒词·送别来藏战友 / 181
小重山·拉萨次雪 / 183
古体诗一首·酬国权兄手制甜茶 / 184
西江月·林芝小住 / 191
水龙吟·重赴阿里有感 / 194
水龙吟·南山 / 194
水龙吟·校庆随忆 / 194
水龙吟·秋分 / 195
水龙吟·中秋 / 195
水龙吟·雪顿节过宗角禄康公园 / 195
渔歌子 / 196
鹊桥仙·中秋后 / 196
天净沙·远赴柳梧新区观影归来有感 / 197
西江月·小聚 / 197
相见欢·高铁过蜀东 / 197
如梦令·九月二日八廓街散步 / 198
自拟词一首·八月二十赴飞军兄家宴有感 / 198
浪淘沙·七夕 / 199
忆秦娥·十月十四日赏月兼携友问茶记怀 / 199
定风波·重回拉萨有感 / 200
七律一首·金陵客来藏同游布宫昭寺有感，兼寄晓虹 / 200
七律·清明浮思 / 200
七绝一首·傍晚雨霁约前次援友小聚 / 201
五绝一首·国庆末漏夜候上班有感 / 201
五律一首·拉萨河观游并和昀芝 / 201
五律一首·雪夜忆去岁见老友 / 202
七绝·于金寨途中 / 202
五言·八月十日诣体育局张兄 / 202
五绝·拉萨夜雨 / 203
五律·八月二十一赴区党校所见 / 203
五律三首·培训 / 203

代后记

太阳已照着第一座山冈,
一定照到故乡的地方。
那时呀,我们会变得更加幸福,
祝这些岁月如佛法无疆。

——昌都民歌